José Hernandez Perez Junior
Glaucos Antonio Begalli

ELABORAÇÃO DAS DEMONSTRAÇÕES CONTÁBEIS

Livro de Exercícios

SÃO PAULO
EDITORA ATLAS S.A. – 2000

© 2000 by EDITORA ATLAS S.A.

ISBN 85-224-2631-7

Foto da capa: Agência Keystone
Composição: Style Up

Dados Internacionais de Catalogação na Publicação (CIP)
(Câmara Brasileira do Livro, SP, Brasil)

Hernandez Perez Junior, José
   Elaboração das demonstrações contábeis : livro de exercícios / José Hernandez Perez Junior, Glaucos Antonio Begalli. – São Paulo : Atlas, 2000.

Bibliografia.
ISBN 85-224-2631-7

1. Balanço financeiro 2. Balanço financeiro – Problemas, exercícios etc. I. Begalli, Glaucos Antonio. II. Título.

00-1971   CDD-657.3076

Índices para catálogo sistemático:

1. Exercícios : Análise de balanços : Contabilidade 657.3076
2. Exercícios : Demonstrações contábeis 657.3076
3. Exercícios : Demonstrações financeiras : Contabilidade 657.3076

TODOS OS DIREITOS RESERVADOS – É proibida a reprodução total ou parcial, de qualquer forma ou por qualquer meio. A violação dos direitos de autor (Lei nº 9.610/98) é crime estabelecido pelo artigo 184 do Código Penal.

Depósito legal na Biblioteca Nacional conforme Decreto nº 1.825,
de 20 de dezembro de 1907.

Cód.: 0302 56 357

Impresso no Brasil/*Printed in Brazil*

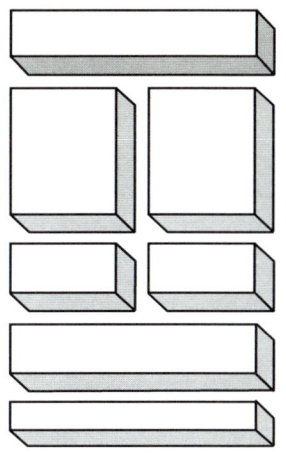

Sumário

Nota dos autores, 7

1. INTRODUÇÃO À CONTABILIDADE, 9
   Testes, 9

2. ESTRUTURA CONTÁBIL, 12
   Testes, 12
   Exercícios, 15

3. SISTEMA CONTÁBIL, 21
   Testes, 21
   Caso prático, 24

4. PRINCÍPIOS CONTÁBEIS, 28
   Testes, 28

5. PROVISÕES, 33
   Testes, 33
   Caso prático, 37

6. OPERAÇÕES BANCÁRIAS, 43
   Testes, 43
   Exercícios, 47

7. ESTOQUES, 57
   Testes, 57
   Exercícios, 62

8. OPERAÇÕES COMERCIAIS, 66
   Testes, 66
   Caso prático, 71

9 IMOBILIZADO, 74
   Testes, 74
   Caso prático, 77

10 INVESTIMENTOS PERMANENTES, 82
    Testes, 82
    Caso prático, 85

11 EXERCÍCIO SOCIAL E DEMONSTRAÇÕES CONTÁBEIS, 90
    Testes, 90

12 APURAÇÃO E DEMONSTRAÇÃO DO RESULTADO, 93
    Testes, 93
    Caso prático, 97

13 DEMONSTRAÇÃO DE RESULTADOS ACUMULADOS, 102
    Testes, 102
    Caso prático, 104

14 BALANÇO PATRIMONIAL, 108
    Testes, 108
    Caso prático, 113

15 DEMONSTRAÇÃO DAS MUTAÇÕES DO PATRIMÔNIO LÍQUIDO (DMPL), 120
    Testes, 120
    Exercício, 122

16 DEMONSTRAÇÃO DAS ORIGENS E APLICAÇÕES DE RECURSOS, 124
    Testes, 124
    Caso prático, 127

17 NOTAS EXPLICATIVAS, 135
    Testes, 135

18 CONSELHO FISCAL, AUDITORIA INDEPENDENTE E RELATÓRIO DA ADMINISTRAÇÃO, 137
    Testes, 137

19 ANÁLISE DE DEMONSTRAÇÕES CONTÁBEIS, 139
    Testes, 139
    Caso prático, 144

20 PROJEÇÃO DAS DEMONSTRAÇÕES CONTÁBEIS, 149
    Caso prático, 149

21 DEMONSTRAÇÃO DO FLUXO DE CAIXA, 161
    Caso prático, 161

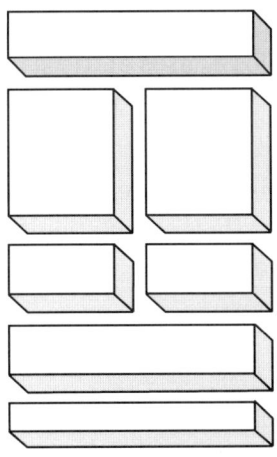

Nota dos Autores

Este livro complementa o texto teórico *Elaboração das demonstrações contábeis*. Acreditamos que será muito útil aos professores e alunos das disciplinas de Contabilidade quando utilizado para o reforço dos conceitos elaborados no livro-texto.

Apresentamos a seguir a relação entre os capítulos do livro de exercícios e do livro-texto para facilitar sua localização:

Capítulos correspondentes:

Livro de exercícios Capítulos	Livro-texto Capítulos
1. Introdução à contabilidade	1. Introdução à contabilidade
2. Estrutura contábil	2. Estrutura contábil
3. Sistema de informações contábeis	3. Sistema de informações contábeis
4. Princípios de contabilidade	4. Princípios de contabilidade
5. Provisões	8. Item 8.5, p. 112 a 114
6. Operações bancárias	Não há capítulo específico
7. Estoques	6. Itens 6.1 e 6.2, p. 76 a 79
8. Operações comerciais	Não há capítulo específico
9. Imobilizado	6. Item 6.6, p. 92 a 98
10. Investimentos	6. Item 6.5, p. 82 a 91
11. Exercício social	5. Item 5.1, p. 62
12. D.R.E.	8. Demonstração de Resultados
13. Balanço Patrimonial – BP	6 e 7. Ativo e Passivo
14. D.M.P.L.	10. D.M.P.L.
15. D.O.A.R.	11. D.O.A.R.
16. Notas explicativas	12. Notas explicativas
17. Conselho fiscal	13. Conselho fiscal
18. Análise das demonstrações	16. Análise das demonstrações
19. Projeção das demonstrações	17. Projeção das demonstrações
20. Demonstração do fluxo de caixa	18. Demonstração do fluxo de caixa

No decorrer do *Livro de exercícios*, incluímos exemplos e casos práticos já aplicados em sala de aula em diversas oportunidades para a elucidação dos conceitos e a seqüência segue o plano programático das disciplinas envolvidas.

O *Livro de exercícios* também pode ser utilizado nas disciplinas de Contabilidade Geral, Elaboração e Análise das Demonstrações Contábeis e Contabilidade Societária, nos níveis intermediário, superior e pós-graduação.

Os Autores

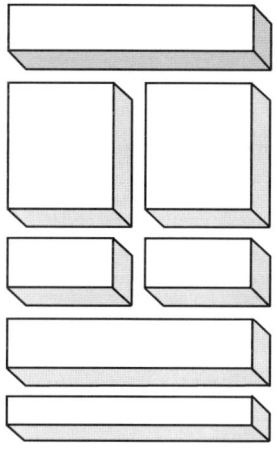

1 Introdução à Contabilidade

TESTES

1.1 A contabilidade tem por objetivo:
  a. apurar o montante de imposto de renda devido pelas empresas;
  b. orientar os proprietários sobre como reduzir a carga tributária da empresa;
  c. controlar as atividades dos funcionários;
  d. coletar, classificar e registrar informações sobre as atividades econômicas e financeiras de uma empresa.

Resposta: alternativa ___ .

1.2 Os usuários da contabilidade são classificados em:
  a. públicos e privados;
  b. proprietários e empregados;
  c. internos e externos;
  d. financeiros e econômicos.

Resposta: alternativa ___ .

1.3 A contabilidade financeira:
  a. é a contabilidade oficial da empresa e atende às exigências da legislação societária;
  b. tem por objetivo fornecer informações de natureza gerencial;
  c. tem um fluxo contínuo de informações;
  d. é obrigatória somente para as companhias abertas.

Resposta: alternativa ___ .

1.4 A contabilidade tem como principal característica:

a. uso de várias moedas;
b. segregação das operações dos proprietários das operações da empresa;
c. temporariedade do empreendimento;
d. apuração de resultado por operação.

Resposta: alternativa ___ .

1.5 A contabilidade gerencial deve:

a. ser elaborada de acordo com a legislação societária;
b. atender às exigências dos usuários externos da empresa;
c. atender às necessidades dos usuários internos da empresa;
d. ser elaborada de acordo com a legislação fiscal.

Resposta: alternativa ___ .

1.6 A contabilidade aparece metodologicamente:

a. na Sinária Mediterrânea, cuja idade aproximada é de 7.000 anos;
b. a partir do *crash* da Bolsa de NY em 1929;
c. com a obra de Luca Pacioli em meados do século XV;
d. no século XVI com os conceitos de ativos e passivos relativos aos negócios.

Resposta: alternativa ___ .

1.7 Inicialmente, no método italiano, o sistema contábil atendia:

a. apenas ao interesse do proprietário;
b. o usuário em geral;
c. as atividades do Estado e da Igreja;
d. exclusivamente aos interesses do governo.

Resposta: alternativa ___ .

1.8 A ordem histórica que configura a evolução da contabilidade é:

a. escola italiana; escola alemã, com a Revolução Industrial; e, atualmente, a escola americana, desde o final da Segunda Guerra Mundial;
b. Sinária Mediterrânea, 5.000 anos antes de Cristo; escola italiana, nos séculos XV a XVIII; escola inglesa, no século XVIII, com a Revolução Industrial; e a escola americana, a partir dos anos da crise econômica de 1929 a 1932;

c. no Brasil a partir da criação do Banco Central, em 1964;
   d. no Brasil a partir da Lei nº 2.627, de 1940.

Resposta: alternativa ___ .

1.9 A Contabilidade:
   a. deve registrar todos os fatos econômicos ocorridos na empresa;
   b. tem restrições e não pode registrar fatos não avaliáveis monetariamente;
   c. só pode registrar fatos documentados;
   d. pode registrar o ponto comercial gerado pelo negócio.

Resposta: alternativa ___ .

1.10 Internamente, a Contabilidade:
   a. auxilia no processo de tomada de decisão da administração;
   b. baseia-se em informações do dia-a-dia sem a necessidade de documentos;
   c. serve como referência para os usuários externos;
   d. é chamada de contabilidade institucional.

Resposta: alternativa ___ .

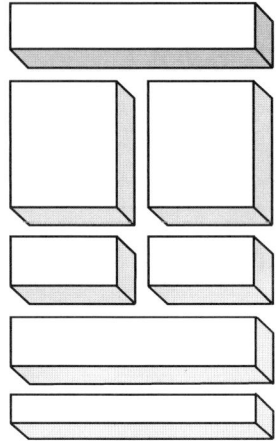

2
Estrutura Contábil

TESTES

2.1 Assinale a alternativa que contém apenas elementos de ativo contábil:
   a. móveis, mercadorias, capital, produtos acabados;
   b. dinheiro, mercadorias, ações de outras empresas, imóveis;
   c. contas a receber, mercadorias, lucros acumulados, instalações;
   d. capital, contas a receber, estoques, imobilizado.

Resposta: alternativa ___ .

2.2 O patrimônio de uma empresa é composto de:
   a. bens, direitos, obrigações e patrimônio líquido;
   b. bens, direitos e obrigações;
   c. ativos, passivos e lucros;
   d. ativos, bens, obrigações e passivos.

Resposta: alternativa ___ .

2.3 A equação contábil patrimonial pode ser representada por:
   a. bens + direitos = obrigações + patrimônio líquido;
   b. bens + direitos + obrigações = patrimônio líquido;
   c. bens − direitos − obrigações = patrimônio líquido;
   d. bens + direitos = obrigações = patrimônio líquido.

Resposta: alternativa ___ .

Considerando os elementos patrimoniais relacionados a seguir, responda às questões de números 2.4. a 2.7.

Elementos	$	Elementos	$
Dinheiro em caixa	100	Impostos a recuperar	900
Dinheiro em banco	1.200	Lucros acumulados	700
Salários a pagar	850	Contas a pagar	650
Mercadorias	3.600	Contas a receber	430
Móveis e utensílios	800	Empréstimos bancários	710
Impostos a recolher	400	Ações de outras empresas	630
Imóveis	2.500	Automóveis	220
Capital	8.000	Financiamentos bancários	340

2.4 A soma de elementos de ativo totalizou:

    a. 9.480;

    b. 9.750;

    c. 10.380;

    d. 17.750.

Resposta: alternativa ___ .

2.5 A soma dos elementos de passivo totalizou:

    a. 2.950;

    b. 10.650;

    c. 11.650;

    d. 12.550.

Resposta: alternativa ___ .

2.6 A soma das obrigações totalizou:

    a. 1.900;

    b. 2.530;

    c. 2.610;

    d. 2.950.

Resposta: alternativa ___ .

2.7 A soma dos elementos de patrimônio líquido totalizou:

    a. 8.000;

    b. 8.700;

    c. 9.300;

    d. 9.400.

Resposta: alternativa ___ .

2.8 Assinale a alternativa correta:
   a. despesas são desembolsos efetuados para aquisição de estoques;
   b. despesas são gastos efetuados para gerar receitas;
   c. despesas são gastos efetuados para produção de bens;
   d. despesas são desembolsos efetuados ou previstos para aquisição de mercadorias.

Resposta: alternativa ___ .

2.9 Assinale a alternativa errada:
   a. receitas são valores recebidos ou a receber por vendas ou prestação de serviços;
   b. juros sobre aplicações financeiras são considerados contabilmente como receitas;
   c. capital recebido de sócios pode ser classificado como receita;
   d. receitas de serviços podem ser realizadas a vista ou a prazo.

Resposta: alternativa ___ .

2.10 Fato contábil permutativo é aquele que envolve contas de:
   a. receitas e despesas;
   b. ativos e passivos;
   c. ativos e receitas;
   d. passivos e despesas.

Resposta: alternativa ___ .

EXERCÍCIOS

2.1 Classificação dos itens patrimoniais

Classifique os elementos patrimoniais nos seguintes grupos: AR – Ativo Realizável; AP – Ativo Permanente; PE – Passivo Exigível; e PL – Patrimônio Líquido.

	Título	Classificação
1.	Dinheiro em poder da empresa	
2.	Dinheiro depositado no banco	
3.	Máquinas industriais para uso na produção	
4.	Contas a receber	
5.	Contas a pagar	
6.	Terreno em que a fábrica está instalada	
7.	Imposto de renda a pagar	
8.	Duplicatas a receber	
9.	Duplicatas a pagar	
10.	Empréstimos a empregados	
11.	Direito de uso de marcas	
12.	Juros a pagar	
13.	Estoque de matéria-prima	
14.	Edifício do escritório	
15.	Capital social	
16.	Lucros acumulados	
17.	Ações de outras empresas do grupo	
18.	Empréstimos bancários a pagar	
19.	Gratificações a pagar	
20.	Equipamentos de uso na produção	
21.	Títulos a receber	
22.	Veículos à venda	
23.	Adiantamento a fornecedores de estoques	
24.	Móveis e utensílios para uso	
25.	Estoque de material de escritório	
26.	Dividendos a pagar	
27.	Adiantamento a fornecedores de máquinas para uso	
28.	Estoque de material de consumo	
29.	Aplicação em depósito a prazo	
30.	Impostos a recolher	

2.2 A equação básica da contabilidade – I

Indique as alterações que as transações a seguir provocam no ativo, no passivo exigível e no patrimônio líquido. Use os sinais (+) para aumentos, (–) para diminuições e (SV) no caso de a transação não gerar variação em qualquer dos componentes.

	Transações	AR +	AP =	PE +	PL
1	Depósito bancário referente ao capital de abertura de uma firma para comércio de mercadorias e prestação de serviços				
2	Compra a vista de um veículo para uso				
3	Compra a prazo de máquina de escrever para uso				
4	Pagamento de duplicata referente à compra da máquina de escrever				
5	Pagamento da despesa de aluguel da loja no último dia do mês				
6	Prestação de serviços a prazo para clientes				
7	Compra a prazo de material de limpeza para consumo imediato				
8	Compra a vista de mercadorias				
9	Obtenção de empréstimo bancário				
10	Pagamento da obrigação decorrente da compra de material de limpeza				
11	Venda a vista de mercadorias com lucro				
12	Pagamento de comissões aos vendedores no próprio mês da venda				
13	Compra a prazo de material de escritório para consumo imediato				
14	Pagamento do empréstimo bancário				
15	Depósito bancário referente a aumento de capital				
16	Recebimento dos serviços prestados				
17	Venda a vista com lucro do veículo que era de uso				
18	Venda a prazo de mercadorias com prejuízo				
19	Concessão de empréstimo aos empregados				
20	Pagamento de despesas de salários no último dia do mês				
21	Aumento de capital com lucros acumulados				

2.3 A equação básica da contabilidade – II

Indique a equação contábil após cada uma das transações a seguir:

Os sócios contribuem com $ 10.000 para a formação do capital inicial:

ATIVO	$	PASSIVO	$
REALIZÁVEL		EXIGÍVEL	
PERMANENTE		PATRIMÔNIO LÍQUIDO	
TOTAL		TOTAL	

1. Compra a vista de mercadorias no montante de $ 2.000

ATIVO	$	PASSIVO	$
REALIZÁVEL		EXIGÍVEL	
PERMANENTE		PATRIMÔNIO LÍQUIDO	
TOTAL		TOTAL	

2. Compra de um veículo a prazo, para entrega de mercadorias, no valor de $ 4.000

ATIVO	$	PASSIVO	$
REALIZÁVEL		EXIGÍVEL	
PERMANENTE		PATRIMÔNIO LÍQUIDO	
TOTAL		TOTAL	

3. Obtenção de um empréstimo bancário no valor de $ 3.000

ATIVO	$	PASSIVO	$
REALIZÁVEL		EXIGÍVEL	
PERMANENTE		PATRIMÔNIO LÍQUIDO	
TOTAL		TOTAL	

4. Adiantamento de férias a empregado no valor de $ 500

ATIVO	$	PASSIVO	$
REALIZÁVEL		EXIGÍVEL	
PERMANENTE		PATRIMÔNIO LÍQUIDO	
TOTAL		TOTAL	

5. Aumento de capital em dinheiro no montante de $ 5.000

ATIVO	$	PASSIVO	$
REALIZÁVEL		EXIGÍVEL	
PERMANENTE		PATRIMÔNIO LÍQUIDO	
TOTAL		TOTAL	

6. Compra a vista de móveis e utensílios no valor de $ 2.000

ATIVO	$	PASSIVO	$
REALIZÁVEL		EXIGÍVEL	
PERMANENTE		PATRIMÔNIO LÍQUIDO	
TOTAL		TOTAL	

7. Pagamento de $ 3.000 referentes à compra do veículo efetuado na operação nº 2

ATIVO	$	PASSIVO	$
REALIZÁVEL		EXIGÍVEL	
PERMANENTE		PATRIMÔNIO LÍQUIDO	
TOTAL		TOTAL	

8. **Pagamento de $ 1.000 referentes aos salários dos empregados sem desconto de adiantamento**

ATIVO	$	PASSIVO	$
REALIZÁVEL		EXIGÍVEL	
PERMANENTE		PATRIMÔNIO LÍQUIDO	
TOTAL		TOTAL	

9. **Venda a vista por $ 4.500 de toda a mercadoria comprada na transação nº 1**

ATIVO	$	PASSIVO	$
REALIZÁVEL		EXIGÍVEL	
PERMANENTE		PATRIMÔNIO LÍQUIDO	
TOTAL		TOTAL	

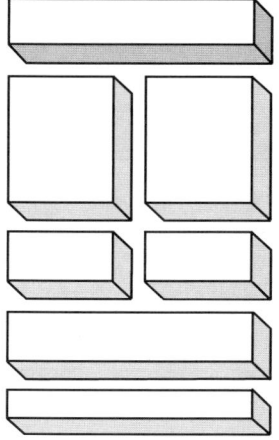

3
Sistema Contábil

TESTES

3.1 A contabilidade utiliza as contas para:
   a. registrar fatos de natureza semelhante;
   b. apurar o resultado do exercício;
   c. apurar o balanço patrimonial;
   d. apurar o valor do imposto de renda devido.

Resposta: alternativa ___ .

3.2 As contas são classificadas em dois tipos:
   a. ativas e passivas;
   b. receitas e despesas;
   c. patrimoniais e de resultado;
   d. devedoras e credoras.

Resposta: alternativa ___ .

3.3 O conjunto de contas que a empresa utiliza para o registro de suas transações é denominado:
   a. diário geral;
   b. plano de contas;
   c. planilha de lançamentos;
   d. sistema contábil.

Resposta: Alternativa ___ .

3.4 O método das partidas dobradas determina que as contas sejam:
a. debitadas pelos valores que entregam;
b. creditadas pelos valores que recebem;
c. debitadas pelos valores que recebem;
d. creditadas pelos acréscimos patrimoniais.

Resposta: alternativa ___ .

3.5 O diário geral deve ser escriturado em ordem:
a. de liquidez de valores;
b. das contas de acordo com o plano de contas;
c. de débitos e créditos;
d. cronológica das operações.

Resposta: alternativa ___ .

3.6 Os fatos contábeis devem ser suportados por documentos:
a. oficiais e critérios objetivos de avaliação;
b. oficiais e fiscais;
c. oficiais e critérios fiscais;
d. oficiais.

Resposta: alternativa ___ .

3.7 Fatos contábeis modificativos são aqueles que envolvem contas:
a. ativas e passivas;
b. patrimoniais e de resultado;
c. de despesas e receitas;
d. de ativo circulante e longo prazo.

Resposta: alternativa ___ .

3.8 Os bens e direitos são classificados em:
a. circulantes ou realizáveis a longo prazo;
b. estoques ou imobilizado;
c. realizáveis ou permanentes;
d. disponíveis ou realizáveis.

Resposta: alternativa ___ .

3.9 O patrimônio de uma entidade é demonstrado contabilmente pela soma dos bens e direitos e a soma de:

   a. obrigações e despesas;
   b. obrigações e patrimônio líquido;
   c. patrimônio líquido;
   d. despesas e receitas.

Resposta: alternativa ___ .

3.10 O razão contábil é composto de um conjunto de contas denominado:

   a. sistema contábil;
   b. plano de contas;
   c. método das partidas dobradas;
   d. patrimônio contábil.

Resposta: alternativa ___ .

CASO PRÁTICO

Identifique, com base no Plano de Contas (poderá ser necessária a abertura de novas contas), as contas que serão debitadas e creditadas no registro contábil das operações a seguir relacionadas.

Observe que todos os pagamentos e recebimentos serão efetuados por meio da conta Banco Papajuros – conta movimento.

Registre as operações nos razonetes numerando os valores com o número do lançamento.

OPERAÇÕES REALIZADAS NO MÊS UM

1	Constituição de sociedade para comércio e prestação de serviços de manutenção com integralização do capital em dinheiro	15.000
Débito		
Crédito		

2	Abertura de conta corrente no Banco Papajuros por meio de depósito do dinheiro que estava no caixa	15.000
Débito		
Crédito		

3	Prestação de serviços de manutenção a vista	2.000
Débito		
Crédito		

4	Compra a vista de mercadorias para estoque	1.600
Débito		
Crédito		

5	Prestação de serviços de manutenção a prazo	3.000
Débito		
Crédito		

6	Recebimento da duplicata relativa à prestação de serviços de manutenção a prazo	2.000
Débito		
Crédito		

7	Concessão de adiantamento a fornecedores de mercadorias	500
Débito		
Crédito		

8	Obtenção de empréstimo bancário	5.000
Débito		
Crédito		

9	Compra a vista de material de limpeza para consumo no próprio mês	100
Débito		
Crédito		

10	Pagamento dos salários dos empregados no último dia do mês	1.800
Débito		
Crédito		

11	Compra a prazo de peças para reposição	680
Débito		
Crédito		

12	Pagamento do principal do empréstimo bancário e de juros	5.250
Débito		
Débito		
Crédito		

13	Compra a prazo de um veículo para uso da firma	7.000
Débito		
Crédito		

14	Compra a vista de material de expediente para consumo no próprio mês	50
Débito		
Crédito		

15	Pagamento de aluguel da loja no próprio mês	800
Débito		
Crédito		

16	Pagamento de duplicata referente a compra do veículo	7.000
Débito		
Crédito		

17	Compra a vista de uma máquina de escrever	350
Débito		
Crédito		

18	Pagamento de duplicata referente à compra de estoques	680
Débito		
Crédito		

19	INSS e FGTS referentes à folha de pagamento deste mês que serão recolhidos no próximo mês	720
Débito		
Crédito		

OPERAÇÃO REALIZADA NO MÊS DOIS

20	Recolhimento dos encargos sociais referentes ao mês anterior	720
Débito		
Crédito		

RAZONETES

Caixa – matriz		Banco Papajuros – conta movimento		Adiantamento a fornecedores de mercadorias	
(1)	(2)	(2)	(4)	(7)	
		(3)	(7)		
		(6)	(9)		
		(8)	(10)		
			(12)		
			(14)		
			(15)		
			(16)		
			(17)		
			(18)		
			(20)		

Clientes nacionais		Estoque de mercadorias		Estoque de peças de reposição	
(5)	(6)	(4)		(11)	

Móveis e utensílios		Veículos		Fornecedores de estoques nacionais	
(17)		(13)		(18)	(11)

INSS e FGTS a recolher					
	(19)				
(20)					

Banco Papajuros – conta empréstimo		Fornecedores de imobilizado – nacionais		Capital – sócios nacionais	
(12)	(8)	(16)	(13)		(1)

Despesas com material de expediente		Despesas de salários e encargos		Despesas de aluguel	
(14)		(10)		(15)	
		(19)			

Despesas de juros		Despesas diversas		Receita de serviços de manutenção	
(12)		(9)			(3)
					(5)

Balancete de verificação		
Contas	Saldos Devedores	Saldos credores
Banco Papajuros – conta movimento		
Clientes nacionais		
Estoque de mercadorias		
Estoque peças de reposição		
Adiantamento a fornecedores de mercadorias		
Veículos		
Móveis e utensílios		
Capital		
Receita de serviços		
Despesas de material de expediente		
Despesas diversas		
Despesas de salários e encargos		
Despesas de aluguel		
Despesas de juros		
Total		

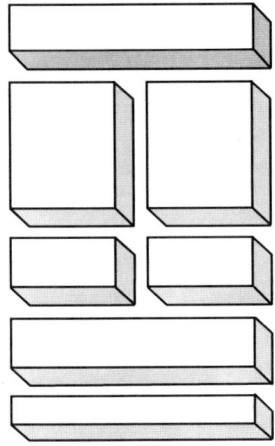

4 Princípios Contábeis

TESTES

4.1 De acordo com o princípio contábil da realização, as receitas de vendas de produtos devem ser reconhecidas contabilmente no momento da:

   a. emissão do pedido;
   b. produção dos bens;
   c. emissão da nota fiscal;
   × d. entrega dos bens; receita/despesa.
   e. recebimento da duplicata.

Resposta: alternativa ___ .

4.2 Pelo princípio contábil da continuidade, os ativos devem ser avaliados pelo valor de:

   ✓ a. aquisição ou produção;
   b. realização;
   c. realização menos impostos sobre vendas;
   d. aquisição menos impostos sobre vendas;
   e. produção menos custos indiretos.

Resposta: alternativa ___ .

4.3 O registro de seguros pagos antecipadamente no ativo (e não como despesa) decorre da aplicação de que princípio ou convenção contábil?

   a. conservadorismo;
   b. realização;
   ✗ c. confrontação (competência);
   d. relevância;
   e. uniformidade.

Resposta: alternativa ___ .

4.4 Os empregados recém-admitidos adquirem o direito a férias após completar um ano de serviço. Se forem demitidos por justa causa ou a pedido, não têm direito a férias proporcionais. Todavia, se forem demitidos sem justa causa, têm assegurado esse direito (artigos 146/147 da CLT). Assim, as empresas devem: *(base do preço) cust*

   ✗ a. registrar mensalmente, a partir do primeiro mês de trabalho do empregado, parcela adequada a título de provisão para férias;
   b. registrar, no mês em que o empregado adquire as férias (após um ano de trabalho), o total necessário a reconhecer a obrigação da empresa;
   c. não efetuar nenhum registro e, quando o empregado gozar suas férias, registrar o montante pago como despesa do mês;
   d. reconhecer a despesa mensalmente, tendo como contrapartida a conta de provisão para contingência, pois seu pagamento é incerto;
   e. somente efetuar o provisionamento quando houver lucro para absorver a despesa.

Resposta: alternativa ___ .

4.5 O inciso II do artigo 183 da Lei nº 6.404 estabelece que "os direitos que tiverem por objeto mercadorias e produtos do comércio da companhia, assim como matéria-prima, produtos em fabricação e bens em almoxarifado, devem ser avaliados pelo custo de aquisição ou produção, deduzido de provisão para ajustá-lo ao valor de mercado quando este for inferior". Em qual (quais) princípio(s) ou convenção(ões) se fundamenta?

   a. confrontação (competência) e relevância;
   b. realização e uniformidade;

c. realização e conservadorismo;

d. custo histórico e realização;

✗ e. custo histórico e conservadorismo.

Resposta: alternativa ___ .

4.6 A provisão para Imposto de Renda no montante de $ 10.000.000 de uma determinada empresa foi registrada em 31-12-XA. Em abril de 19XB, na ocasião da entrega da declaração, o contador percebeu que o montante correto do Imposto de Renda era $ 10.001.814. O que você recomendaria ao contador?

a. republicar o balanço, pois o lucro nele registrado está superestimado em $ 1.814;

b. ajustar $ 1.814 contra lucros acumulados;

✗ c. lançar $ 1.814 diretamente no resultado do exercício de 19XB;

d. lançar como dedução da provisão para dividendos;

e. não efetuar qualquer lançamento.

Resposta: alternativa ___ .

4.7 Considerando os princípios contábeis geralmente aceitos, qual das alternativas a seguir justifica a afirmativa contida no § 2º do artigo 177 da Lei nº 6.404/76: "a companhia observará em registros auxiliares, sem modificação da escrituração mercantil e das demonstrações reguladas nesta lei, as disposições da lei tributária (...) que prescrevam métodos ou critérios contábeis diferentes ou determinem a elaboração de outras demonstrações financeiras".

a. a legislação tributária prevalece sobre a legislação societária para fins contábeis;

b. os registros contábeis devem seguir a legislação tributária;

c. a legislação tributária deve seguir a legislação societária;

d. na contabilidade, quando houver divergência, entre as legislações societária e tributária, deve prevalecer a legislação tributária;

✗ e. na contabilidade, quando houver divergência, entre as legislações societária e tributária, deve prevalecer a legislação societária.

Resposta: alternativa ___ .

4.8 A Cia. Alfa possui 100% das ações da Cia. Beta (subsidiária integral). Em determinado exercício, Alfa vendeu, a vista, um veículo a Beta. O contador de Alfa, tendo em vista que Beta é uma subsidiária integral, decidiu pela não-contabilização da venda. Esse procedimento está:

   a. correto, pois como uma empresa pertence à outra é como se fossem apenas uma;
   b. correto, pois se contabilizar a operação haverá pagamento de Imposto de Renda;
   c. errado, porque a venda foi a vista e entrou dinheiro no caixa; se fosse a prazo não precisaria, pois não haveria movimentação de dinheiro;
   d. correto, pois como uma empresa pertence a outra, não há necessidade de transferência da documentação;
   e. errado, pois apesar de uma empresa pertencer a outra, são duas entidades jurídicas e contábeis independentes.

Resposta: alternativa ___ .

4.9 Segundo a Lei nº 6.404/76, os encargos e custos conhecidos e calculáveis devem ser provisionados. Contudo, as autoridades fiscais não reconhecem como dedutíveis todas as provisões. Assinale a alternativa que contém os procedimentos adequados para resolver essa divergência:

   a. reconhecer apenas as provisões dedutíveis;
   b. reconhecer contabilmente todas as provisões e ajustar as não dedutíveis nos livros próprios;
   c. reconhecer fiscalmente todas as provisões e ajustar as não dedutíveis nos registros contábeis;
   d. reconhecer contabilmente todas as provisões e ajustar as dedutíveis nos livros próprios;
   e. reconhecer fiscalmente todas as provisões e ajustar as dedutíveis nos registros fiscais.

Resposta: alternativa ___ .

4.10 Um montante relevante de produtos cujas notas fiscais de vendas foram emitidas nos últimos dias do exercício de X1 foram efetivamente entregues aos clientes no exercício seguinte. A receita dessas vendas deve ser reconhecida no exercício em que:

a. as notas fiscais foram emitidas;
b. os produtos foram entregues ao cliente;
c. o cliente efetuou o pagamento;
d. os produtos saíram da empresa;
e. os pedidos foram emitidos.

Resposta: alternativa ___ .

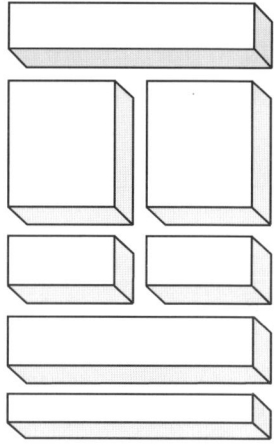

5
Provisões

TESTES

5.1 Uma empresa paga os salários de seus empregados no quinto dia útil do mês subseqüente. Assim sendo, no fechamento do mês deverá:

a. subtrair contabilmente do caixa o valor que será pago no mês seguinte;
b. constituir uma reserva de salários a pagar;
c. constituir uma provisão de salários a pagar;
d. reconhecer como despesa os salários pagos no mês;
e. registrar os salários pagos no mês como diminuição de lucros acumulados.

Resposta: alternativa ___ .

5.2 Uma despesa incorrida e não paga deve ser contabilizada a débito de:

a. provisão e a crédito de despesa;
b. despesa e a crédito de caixa;
c. despesa e a crédito de provisão;
d. caixa e a crédito de despesa;
e. despesa e a crédito de patrimônio líquido.

Resposta: alternativa ___ .

5.3 O registro contábil da constituição da provisão para créditos de liquidação duvidosa tem como contrapartida devedora a conta de resultado:

a. despesas com créditos de liquidação duvidosa;

b. provisão para créditos de liquidação duvidosa;

c. duplicatas a receber;

d. lucros acumulados;

e. despesas do exercício seguinte.

Resposta: alternativa ___ .

5.4 A constituição de uma provisão para contingência tem como fato gerador uma expectativa de:

a. ganho de uma causa a favor da empresa;

b. perda de uma causa contra a empresa;

c. ganho de uma causa contra a empresa;

d. perda de uma causa a favor da empresa;

e. ganho de uma causa contra o fisco.

Resposta: alternativa ___ .

5.5 No final do exercício, a empresa possuía em estoque dois produtos cuja comparação de valores de custo e de mercado apresentava a seguinte situação:

Produto	Valor de custo	Valor de mercado
A	10.000	8.000
B	20.000	25.000

Com base nesses valores, a empresa deverá reconhecer:

a. um ganho de $ 3.000;

b. uma perda de $ 2.000;

c. um ganho de $ 5.000;

d. nenhum ganho;

e. nenhuma perda.

Resposta: alternativa ___ .

5.6 Em determinado momento, a empresa verificou que um terreno de sua propriedade classificado no ativo permanente, sobre o qual não havia intenção de venda, apresentava os seguintes valores:

	$
Custo histórico de aquisição	10.000
Reavaliação espontânea	85.000
Valor contábil	95.000
Valor de mercado conforme laudo de avaliação	90.000

Considerando essas informações, o contador deverá reconhecer:

a. uma perda de $ 5.000;

b. um ganho de $ 80.000;

c. um ganho de $ 5.000;

d. um ganho de $ 85.000;

e. nenhum ganho ou perda.

Resposta: alternativa ___ .

5.7 Uma empresa vendeu, em outubro de 19X1, um eletrodoméstico com garantia até outubro de 19X2. No fechamento do balanço, em 31 de dezembro de 19X1, por experiência, a assistência técnica informou à contabilidade que esse produto deveria gerar um gasto com conserto em garantia no próximo ano no valor de $ 100. Com base nessa informação, o contador deverá:

a. esperar até o exercício de 19X2 para reconhecer a despesa com o conserto;

b. constituir uma reserva para garantias no exercício de 19X1;

c. abater esse valor do saldo de duplicatas a receber em 19X2;

d. constituir uma provisão para garantias no exercício de 19X1;

e. abater esse valor da receita de vendas do exercício de 19X1.

Resposta: alternativa ___ .

5.8 Na data de encerramento do balanço, uma empresa possuía as seguintes informações sobre aplicações em ações que ela possuía e que seriam vendidas na Bolsa de Valores no mês seguinte:

	$
Custo de aquisição registrado contabilmente	5.000
Valor patrimonial das ações	6.200
Cotação da Bolsa na data do balanço	5.700
Expectativa de cotação para a data da venda	5.800

Considerando essas informações, o contador deverá reconhecer, no encerramento do balanço:

a. um ganho de $ 1.200;

b. um ganho de $ 700;

c. nenhum ganho ou perda;

d. um ganho de $ 800;

e. uma perda de $ 500.

Resposta: alternativa ___ .

5.9 A constituição de uma provisão, tanto de passivo quanto redutora de ativo, deve ser feita a:

a. débito da despesa correspondente e a crédito da respectiva provisão;

b. débito da despesa correspondente e a crédito da respectiva reserva;

c. débito da respectiva provisão e a crédito da despesa correspondente;

d. débito de lucros acumulados e a crédito da respectiva provisão;

e. débito de lucros acumulados e a crédito da respectiva reserva.

Resposta: alternativa ___ .

5.10 Contabilmente, a constituição de provisões é:

a. necessária somente se a empresa tiver lucro para absorvê-las;

b. opcional se a empresa apurar prejuízo no período;

c. necessária somente se a despesa for dedutível para cálculo do Imposto de Renda;

d. necessária somente se a despesa for certa e o valor puder ser apurado com precisão;

e. necessária sempre que houver uma expectativa de perda cujo valor possa ser estimado.

Resposta: alternativa ___ .

CASO PRÁTICO

Empresa Provisol S.A.

O contador da empresa Provisol S.A., cujos saldos contábeis encontram-se no Anexo 1 verificou, em 31-10-X1, que os fatos a seguir relacionados não haviam sido contabilizados:

1	Honorários da diretoria referentes ao mês de outubro, que serão pagos em novembro.	2.000
Débito		
Crédito		

2	Serviço de propaganda efetuado em outubro para pagamento em dezembro de X1	3.500
Débito		
Crédito		

3	Juros sobre o empréstimo bancário, referentes ao mês de outubro. Vencimento do empréstimo e dos juros em 30-9-X3.	600
Débito		
Crédito		

4	Salários referentes ao mês de outubro que serão pagos em 5-11-X1	4.500
Débito		
Crédito		

5	Constituição de provisão para devedores duvidosos	1.400
Débito		
Crédito		

6	Imposto de Renda sobre o lucro de outubro que será recolhido em 30-11-X1	4.000
Débito		
Crédito		

7	Estoques adquiridos ao custo de $ 8.000 apresentaram em 30-10-X1 valor de mercado de $ 6.500	
Débito		
Crédito		

8	A aplicação no Fundo Poupaganha apresentou rendimento no mês de outubro de $ 200	200
Débito		
Crédito		

9	Provisionamento de imposto predial referente ao mês de outubro	400
Débito		
Crédito		

10	Processo na justiça do trabalho movido por ex-empregado reivindicando indenização de $ 800. Os advogados da empresa acreditam que a probabilidade de ganhar a causa é de 10%.	
Débito		
Crédito		

11	FGTS referente a outubro que será recolhido em novembro.	1.000
Débito		
Crédito		

12	Prestação de serviços a prazo no valor de $ 2.000 com Imposto sobre Serviços incluso no valor de $ 100	
Débito		
Crédito		
Débito		
Crédito		

13	Aluguel de outubro que será pago em novembro	800
Débito		
Crédito		

14	A empresa possui um terreno destinado à venda cujo valor de custo é de $ 12.000 e o valor de mercado é de $ 16.000	
Débito		
Crédito		

15	Venda a prazo de um terreno por $ 5.000 cujo valor de custo é de $ 3.200. O recebimento ocorrerá a longo prazo. O comprador assinou notas promissórias em garantia da dívida.	
Débito		
Crédito		
Débito		
Crédito		

16	Variação cambial sobre empréstimos em moeda estrangeira	
Débito		
Crédito		

17	Serviços prestados em agosto, no montante de $ 3.000, foram registrados erroneamente como receitas de vendas.	
	O ISS correspondente de $ 60 será recolhido em novembro acrescido de juros de mora de $ 6.	
Débito		
Crédito		
Débito		
Débito		
Crédito		

18	Duplicatas a receber, no valor de $ 1.200, foram consideradas pelo departamento jurídico da empresa como de cobrança impossível.	
Débito		
Crédito		

Balancete em 30-10-X1	Saldos preliminares		Saldos finais	
	Débitos	Créditos	Débitos	Créditos
Banco Papajuros – conta movimento	26.300	0		
Fundo Poupaganha – conta aplicação	16.800	0		
Clientes nacionais	48.250	0		
Estoques	41.730	0		
Títulos a receber	1.100	0		
Bens do imobilizado à venda	12.000	0		
Móveis e utensílios	7.810	0		
Imóveis	10.000	0		
Veículos	5.670	0		
Fornecedores de estoques	0	21.300		
Bank of Nigeria – conta empréstimo	0	20.000		
Reserva legal	0	1.990		
Reserva para aumento de capital	0	5.000		
Lucros acumulados	0	6.180		
Capital social	0	61.000		
Contas a pagar	0	1.340		
Custo das mercadorias vendidas	71.300	0		
Despesas de salários	14.400	0		
Despesas de encargos sociais	7.300	0		
Despesas de viagens	8.340	0		
Despesas de honorários da diretoria	11.000	0		
Despesas com propaganda	23.190	0		
Despesas gerais	10.230	0		
Despesas de juros	3.850	0		
Despesas com impostos e taxas	21.170	0		
Receitas de vendas	0	218.300		
Receitas de juros sobre aplicações	0	5.330		
Subtotal	**340.440**	**340.440**		

	Saldos preliminares		Saldos finais	
Balancete em 30-10-X1	Débitos	Créditos	Débitos	Créditos
Subtotal	340.440	340.440		
Provisão para devedores duvidosos				
Provisão para desvalorização de estoque				
Honorários a pagar				
Fornecedores de serviços				
Juros a pagar				
Salários a pagar				
Imposto de Renda a pagar				
Impostos e taxas a pagar				
Provisão para contingências trabalhistas				
FGTS a recolher				
ISS a recolher				
Despesas com devedores duvidosos				
Despesas com Imposto de Renda				
Perdas com desvalorização de estoque				
ISS faturado				
Despesas com contingências trabalhistas				
Despesas de aluguéis				
Custo do imobilizado vendido				
Despesas com variações cambiais				
Receitas de prestação de serviços				
Receita da venda de bens do imobilizado				
Totais	340.440	340.440		

CONTAS DO ATIVO

Provisão para devedores duvidosos				Provisão para desvalorização do estoque				Fundo Poupaganha – Conta Aplicação			
								SI	16.800		
18						7		8			
						SF		SF			

Clientes nacionais				Títulos a receber				Bens do imobilizado à venda			
SI	48.250			SI	1.100			SI			
12				15							15
SF				SF				SF			

CONTAS DO PASSIVO

	Honorários a pagar				Fornecedores de serviços				Juros a pagar		
			1								
							2				3
							SF				SF

	Salários a pagar				Imposto de Renda a pagar				Impostos e taxas a pagar		
			4				6				9
			SF				SF				SF

	Provisão para contingência trabalhista				FGTS a recolher				ISS a recolher		
											12
			10				11				17
			SF				SF				SF

	Contas a pagar				Bank of Nigeria – conta empréstimo						
			SI				SI				
			13				16				
			SF				SF				

CONTAS DE DESPESAS

	Despesas com honorários				Despesas com propaganda				Despesas com juros		
SI	11.000			SI	23.190			SI	3.850		
1				2				3			
								17			
SF				SF				SF			

	Despesas com salários				Despesas com devedores duvidosos				Despesas com Imposto de Renda		
SI	14.000										
4				5				6			
SF				SF				SF			

Perdas com desvalorização de estoques				Despesas com impostos e taxas				Despesas com contingências trabalhistas			
				SI	21.170						
7				9				10			
SF				SF				SF			

Despesas com encargos sociais				ISS faturado				Despesas de aluguéis			
SI	7.300			12							
11				17				13			
SF				SF				SF			

Custo do imobilizado vendido				Despesas com variação cambial							
15				16							
SF				SF							

CONTAS E RECEITAS

Receitas de juros sobre aplicações				Receita de prestação de serviços				Receita de venda de imobilizado			
		5.330	SI				12				
			8				17				15
			SF				SF				SF

Receita de vendas											
		218.300	SI								
17											
			SF								

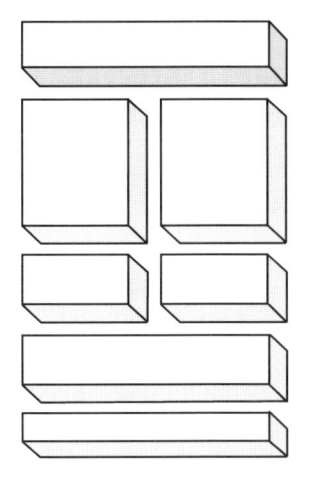

6
Operações Bancárias

TESTES

Dadas as operações a seguir, responda às alternativas indicadas:

1. Depósito efetuado pelo sócio em conta bancária para a integralização do capital, conforme o contrato de constituição da empresa – valor $ 75.000.
2. Compra de mercadoria a vista, paga em cheque no valor de $ 50.000.
3. Venda a vista de mercadoria no valor de $ 80.000, com cheque depositado pelo comprador diretamente na conta bancária, sendo o custo da mercadoria vendida de $ 50.000.
4. Aplicação de $ 100.000 em fundos de liquidez imediata, por meio de débito em conta corrente bancária.
5. Empréstimo tomado junto a instituições financeiras para compra de veículos para entrega de mercadoria, no valor de $ 30.000, juros 4% a.m. vencimento a curto prazo.
6. Compra a vista de veículos, no valor de $ 30.000, com pagamento em cheque.
7. Empréstimo a longo prazo com carência de um ano e juros de 3% ao mês obtido junto a instituições financeiras para aquisição de terrenos no valor de $ 100.000.
8. Pagamento, por meio de débito em conta corrente bancária, de 20% do principal do empréstimo para compra de veículos.
9. Pagamento, por meio de débito em conta corrente bancária, dos juros incorridos no próprio mês sobre o empréstimo para compra de veículos.
10. Provisionamento dos juros do primeiro mês do empréstimo para a aquisição do terreno.

6.1 A operação de depósito em conta bancária para a integralização do capital (nº 1), conforme o contrato de constituição da empresa – valor $ 75.000 – envolve:

a. as contas: caixa, bancos, capital e capital a integralizar no valor de $ 75.000;
b. somente as contas: bancos conta movimento e capital no valor de $ 75.000;
c. não envolve conta bancária, pois é integralização de capital;
d. o necessário trânsito do valor $ 75.000 pelo caixa da empresa;
e. somente as contas: bancos e capital a integralizar.

Resposta: alternativa ___ .

6.2 A compra de mercadorias a vista, no valor de $ 50.000 (nº 2), paga em cheque:

a. não altera a conta de bancos, pois o cheque ainda não caiu;
b. altera as contas estoques de mercadorias e caixa em $ 50.000, pois foi compra a vista;
c. altera as contas estoques de mercadorias e bancos conta movimento em $ 50.000;
d. débito de compras, crédito de caixa;
e. vai interferir na conta de capital da empresa em $ 50.000.

Resposta: alternativa ___ .

6.3 A operação de venda a vista de mercadoria no valor de $ 80.000 com cheque depositado pelo comprador diretamente na conta bancária (nº 3):

a. aumenta a conta bancária em $ 80.000 com a contrapartida em receita de vendas de mercadorias;
b. aumenta a conta bancária apenas em $ 30.000, pois $ 50.000 é o custo da mercadoria vendida;
c. não altera a conta bancária, apenas a conta caixa, pois o depósito foi efetuado diretamente pelo comprador;
d. altera o saldo da conta bancária e das duplicatas a receber em $ 80.000;
e. o valor do depósito corresponde à baixa nos estoques.

Resposta: alternativa ___ .

6.4 **A aplicação de $ 100.000 em fundos de liquidez imediata (nº 4):**
   a. diminui o saldo do caixa da empresa;
   b. aumenta em $ 100.000 o saldo da conta bancária da empresa;
   c. aumenta o saldo da conta bancária da empresa pelos juros recebidos;
   d. mantém a disponibilidade do valor aplicado pois o fundo tem liquidez imediata;
   e. não altera o saldo da conta bancária.

Resposta: alternativa ___ .

6.5 **O empréstimo a curto prazo tomado junto a instituições financeiras para compra de veículos para entrega de mercadoria, no valor de $ 30.000 (nº 5):**
   a. é um fato contábil permutativo, pois aumenta uma conta de ativo e de passivo simultaneamente em $ 30.000;
   b. altera as contas de caixa e bancos;
   c. altera a conta de veículos e de empréstimos no valor de $ 30.000;
   d. não modifica o saldo de bancos conta movimento, pois a empresa fica devendo o valor do empréstimo ao banco;
   e. só modificará a conta bancária no momento do pagamento dos juros.

Resposta: alternativa ___ .

6.6 **A operação de compra de veículos a vista, no valor de $ 30.000 (nº 6):**
   a. gera-se uma nova dívida para a empresa, no valor de $ 30.000;
   b. têm que ser acrescidos os juros do empréstimo para a imobilização;
   c. o veículo é imobilizado e diminui o saldo bancário em $ 30.000;
   d. não se altera o saldo da conta bancária, pois o valor é emprestado pelo banco;
   e. provoca-se a diminuição do saldo bancário pelo juro incorrido.

Resposta: alternativa ___ .

6.7 **O empréstimo a longo prazo obtido junto a instituições financeiras para aquisição de terrenos no valor de $ 100.000 (nº 7):**
   a. corresponde a um aumento de bancos conta movimento e diminuição de caixa por $ 100.000;
   b. provoca uma entrada de dinheiro na conta de bancos e uma dívida para com a instituição financeira;

c. como o empréstimo tem carência de um ano, a dívida só deve ser reconhecida no final da carência;

d. os juros devem ser reconhecidos juntamente com a dívida no final da carência;

e. os juros devem ser reconhecidos quando pagos, independente da carência.

Resposta: alternativa ___ .

6.8 O pagamento de 20% do principal do empréstimo para compra de veículos (nº 8):

a. diminui o saldo bancário em 20%;

b. aumenta o valor de veículos em 20%;

c. diminui o saldo de bancos em $ 6.000;

d. não altera o saldo de bancos;

e. aumenta o saldo bancário em $ 6.000.

Resposta: alternativa ___ .

6.9 O pagamento dos juros mensais sobre o empréstimo para compra de veículos provoca os seguintes lançamentos (nº 9):

a. débito: Despesas de juros; Crédito: Bancos conta movimento – $ 1.200;

b. débito: Despesas de juros; Crédito: Juros a pagar – $ 1.200;

c. débito: Juros a pagar; Crédito: Bancos conta movimento – $ 1.200;

d. débito: Empréstimos a pagar; Crédito: Despesas de Juros – $1.200;

e. débito: Bancos conta movimento; Crédito: Juros a pagar – $ 1.200.

Resposta: alternativa ___ .

6.10 Efetuadas as 10 operações do enunciado, o saldo da conta-Bancos-conta movimento:

a. permanece inalterado, pois as operações foram a vista, na conta caixa;

b. é $ 152.800;

c. é $ 97.800;

d. aumentou em $ 100.000 pelas aplicações;

e. é $ 5.000.

Resposta: alternativa ___ .

EXERCÍCIOS

Contabilize as operações bancárias identificadas por meio do extrato bancário, dos avisos de lançamento e demais informações apresentadas a seguir:

	EXTRATO BANCÁRIO BANCO PAPAJUROS S.A.			
DATA	HISTÓRICO	Débitos	Créditos	Saldos
01/fev.	Depósito em dinheiro		5.000	5.000
02/fev.	Despesa de talão de cheques	5		4.995
10/fev.	Crédito de empréstimo conforme aviso		20.000	24.995
10/fev.	Despesas de cadastro	20		24.975
10/fev.	Aplicação financeira conforme aviso	15.000		9.975
15/fev.	Operação de desconto conforme aviso		9.000	18.975
20/fev.	Repasse de empréstimo conforme aviso		5.000	23.975
10/mar.	Crédito de cobrança conforme aviso		8.080	32.055
10/mar.	Taxa de cobrança bancária	20		32.035
10/mar.	Resgate de aplicação		15.600	47.635
10/mar.	Aplicação financeira conforme aviso	20.000		27.635
20/mar.	Despesa de extrato bancário	7		27.628
25/mar.	Cheque compensado nº 001	8.000		19.628
27/mar.	Cheque compensado nº 002	90		19.538
28/mar.	Cheque compensado nº 003	35		19.503
28/mar.	Cheque compensado nº 004	25		19.478
30/mar.	Cheque compensado nº 005	230		19.248
10/abr.	Resgate de aplicação		20.900	40.148
10/abr.	Liquidação de empréstimo conforme aviso	22.472		17.676
20/abr.	Débito de duplicata conforme aviso	4.040		13.636
20/abr.	Liquidação de empréstimo conforme aviso	5.427		8.209

Atenção: para apropriação de receitas e despesas financeiras, considere para cálculos o critério de mês comercial (30 dias). Assim sendo, os períodos de apropriação serão de 10, 15 ou 20 dias.

Banco Papajuros				
Operação de empréstimo				
Data da operação:		10/fev.		
Data do vencimento:		10/abr.		

Principal	20.000	Apropriação		
Juros		28/fev.	31/mar.	10/abr.
6% a.m.	1.200			
6% a.m.	1.272			
Final	22.472			

Aplicações Financeiras					
Aplicação	Resgate	Rendimento	Apropriação		
10/fev.	10/mar.		28/fev.	31/mar.	10/abr.
15.000	15.600	600			
10/mar.	10/abr.				
20.000	20.900	900			
		1.500			

Desconto de duplicatas							
Data da operação:			15/fev.		Apropriação		
Dupl.	Vencto.	Valor Nominal	Desconto	Valor Líquido	28/fev.	31/mar.	15/abr.
A	15/abr.	6.000	600	5.400			
B	15/abr.	4.000	400	3.600			
		10.000	1.000	9.000			

Aviso de crédito de cobrança	
Duplicata C	
Vencimento	01/mar.
Pagamento	10/mar.
Principal	8.000
Juros de mora	80
Total	8.080

Repasse de empréstimo externo						
Data da operação			20/fev.			
Data do vencimento			20/abr.			
Juros simples			1,2% a.m.			
Data	US$	Taxa US$	R$		Juros US$	Juros R$
20/fev.	5.000	1,00	5.000			
VC/juros fev.						
28/fev.	5.000	1,02				
VC/juros mar.						
31/mar.	5.000	1,05				
VC/juros abr.						
20/abr.	5.000	1,06				
Total pago			5.427			

Cheques emitidos				
Favorecido	Dia / nº	$	Pagamento de:	
Randal Ltda.	25-03/001	8.000	Duplicata 639	
Banco Papajuros	26-03/002	90	Consumo de energia do mês	
Telesp	27-03/003	35	Conta de telefone do mês	
Papelol Ltda.	28-03/004	25	Compra a vista de material de expediente	
Maria dos Santos	30-03/005	230	Salário do mês	

Aviso da carteira de desconto			
Duplicatas	R$	Juros	Observações
A	6.000		Liquidada no vencimento
B	4.000	40	Debitada em conta corrente

		Lançamentos contábeis	Débito	Crédito
Data	01/fev.			1
Débito				
Crédito				
Histórico				

Data	02/fev.			2
Débito				
Crédito				
Histórico				

Lançamentos contábeis		Débito	Crédito
Data	10/fev.		3
Débito			
Crédito			
Histórico			

Data	10/fev.		4
Débito			
Crédito			
Histórico			

Data	10/fev.		5
Débito			
Crédito			
Histórico			

Data	15/fev.		6
Débito			
Débito			
Crédito			
Histórico			

Data	20/fev.		7
Débito			
Crédito			
Histórico			

Data	28/fev.		8
Débito			
Crédito			
Histórico			

Data	28/fev.		9
Débito			
Crédito			
Histórico			

Lançamentos contábeis	Débito	Crédito
Data 28/fev.		10
Débito		
Crédito		
Histórico		

Data 28/fev.		11
Débito		
Crédito		
Histórico		

Data 28/fev.		12
Débito		
Crédito		
Histórico		

Data 10/mar.		13
Débito		
Crédito		
Crédito		
Histórico		

Data 10/mar.		14
Débito		
Crédito		
Histórico		

Data 10/mar.		15
Débito		
Crédito		
Crédito		
Histórico		

Data 10/mar.		16
Débito		
Crédito		
Histórico		

Data 20/mar.		17
Débito		
Crédito		
Histórico		

Lançamentos contábeis	Débito	Crédito
Data 25/mar.		18
Débito		
Crédito		
Histórico		

Lançamentos contábeis	Débito	Crédito
Data 26/mar.		19
Débito		
Crédito		
Histórico		

Lançamentos contábeis	Débito	Crédito
Data 27/mar.		20
Débito		
Crédito		
Histórico		

Lançamentos contábeis	Débito	Crédito
Data 28/mar.		21
Débito		
Crédito		
Histórico		

Lançamentos contábeis	Débito	Crédito
Data 30/mar.		22
Débito		
Crédito		
Histórico		

Lançamentos contábeis	Débito	Crédito
Data 31/mar.		23
Débito		
Crédito		
Histórico		

Lançamentos contábeis	Débito	Crédito
Data 31/mar.		24
Débito		
Crédito		
Histórico		

Lançamentos contábeis	Débito	Crédito
Data 31/mar.		25
Débito		
Crédito		
Histórico		

Lançamentos contábeis	Débito	Crédito
Data 31/mar.		26
Débito		
Crédito		
Histórico		

Lançamentos contábeis	Débito	Crédito
Data 31/mar.		27
Débito		
Crédito		
Histórico		

Lançamentos contábeis	Débito	Crédito
Data 10/abr.		28
Débito		
Crédito		
Crédito		
Histórico		

Lançamentos contábeis	Débito	Crédito
Data 10/abr.		29
Débito		
Débito		
Débito		
Crédito		
Histórico		

Lançamentos contábeis	Débito	Crédito
Data 20/abr.		30
Débito		
Débito		
Crédito		
Crédito		
Histórico		

Lançamentos contábeis	Débito	Crédito
Data 20/abr.		31
Débito		
Débito		
Débito		
Débito		
Crédito		
Histórico		

Lançamentos contábeis	Débito	Crédito
Data 30/abr.		32
Débito		
Crédito		
Histórico		

ATIVOS

	Bancos		
1			2
3			4
6			5
7			14
13			16
15			17
28			18
			19
			20
			21
			22
			29
			30
			31

	Juros pagos antecipadamente		
6			9
			24
			32

	Caixa		
SI			
			1

	Aplicações financeiras		
5			
12			
16			15
27			28

	Duplicatas a receber		
SI			
			13
			30

	Duplicatas descontadas		
			6
30			

PASSIVOS

	Empréstimos bancários		
			3
29			

	Empréstimos externos		
			7
			11
31			26

	Provisão para juros		
			8
			10
			23
29			25
31			

	Fornecedores		
			SI
18			

	Capital		
			SI

DESPESAS

	Despesas bancárias		
2			
4			
14			
17			

	Despesas de juros		
8			
9			
10			
23			
24			
25			
29			
30			
31			
32			

	Despesas gerais		
19			
20			
21			

	Despesas de salários		
22			

	Despesas de variação cambial		
11			
26			
31			

RECEITAS

	Receitas financeiras		
			12
			13
			15
			27
			28

Balancete apenas contas movimentadas	Inicial	Final
Caixa	5.000	
Bancos		
Aplicações financeiras		
Duplicatas a receber	18.000	
Duplicatas descontadas		
Juros pagos antecipadamente		
Empréstimos bancários		
Empréstimos externos		
Fornecedores	(8.000)	
Provisão para juros		
Capital	(15.000)	
Despesas bancárias		
Despesas de juros		
Despesas de variação cambial		
Despesas gerais		
Despesas de salários		
Receitas financeiras		

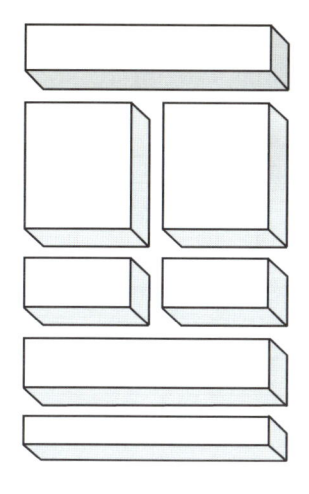

7 Estoques

TESTES

7.1 No mês de outubro, a Cia. Omega realizou a seguinte movimentação de compra e venda da única mercadoria com que trabalha, a qual é isenta de ICMS:

Data	Operação	Quantidade	Valor unitário
01-10	Saldo inicial	2.200	0,50
05-10	venda	1.000	0,95
10-10	compra	2.000	0,90
30-10	venda	1.400	0,95

Com essas operações, a empresa apresentará, na contabilidade, um estoque final de mercadoria e um lucro bruto, respectivamente, de:

   a. $ 900 e $ 280, se adotar o critério de avaliação UEPS;
   b. $ 900 e $ 240, se adotar o critério de avaliação PEPS;
   c. $ 1.242 e $ 622, se adotar o critério de avaliação CUSTO MÉDIO;
   d. $ 1.620 e $ 1.000, se adotar o critério de avaliação PEPS;
   e. $ 900 e $ 280, se adotar o critério de avaliação PEPS.

Resposta: alternativa ___ .

Com base nas operações de compra e venda apresentadas a seguir, responda às questões de números 7.2 a 7.4:

Data 19XA	Compras			Vendas		
	Quantidade	Custo unitário	Valor	Quantidade	Preço unitário	Valor
01-01	500	100	50.000			
01-01				300	120	36.000
02-01	200	105	21.000			
07-01	100	110	11.000			
08-01				200	120	24.000
12-01	300	110	33.000			
19-01	200	115	23.000			
20-01				150	120	18.000
29-01				250	120	30.000

7.2 **Pelo método do custo médio, os valores do estoque finais e do custo das mercadorias vendidas foram, respectivamente, de:**

a. $ 43.600 e $ 94.400;

b. $ 44.800 e $ 93.200;

c. $ 45.600 e $ 92.400;

d. $ 46.200 e $ 91.800;

e. $ 47.400 e $ 90.600.

Resposta: alternativa ___ .

7.3 **Pelo método PEPS (primeiro que entra, primeiro que sai), o valor do estoque final e do lucro obtido nas vendas foram, respectivamente, de:**

a. $ 46.500 e $ 16.500;

b. $ 46.000 e $ 16.000;

c. $ 45.000 e $ 15.000;

d. $ 44.500 e $ 14.500;

e. $ 44.000 e $ 14.000.

Resposta: alternativa ___ .

7.4 Pelo método UEPS (último que entra, primeiro que sai), o valor do estoque final e do lucro obtido nas vendas foram, respectivamente, de:

a. $ 40.500 e $ 10.500;
b. $ 41.500 e $ 11.500;
c. $ 42.000 e $ 12.000;
d. $ 42.500 e $ 12.500;
e. $ 43.000 e $ 13.000.

Resposta: alternativa ___ .

7.5 Assinale a alternativa correta:

a. aumentando o valor do estoque final, estaremos superavaliando o custo e, conseqüentemente, subavaliando o lucro;
b. diminuindo o valor do custo, estaremos subavaliando o estoque final e, conseqüentemente, subavaliando o lucro;
c. aumentando o valor do estoque final, estaremos subavaliando o custo e, conseqüentemente, superavaliando o lucro;
d. diminuindo o estoque final, estaremos subavaliando o custo e, conseqüentemente, subavaliando o lucro;
e. diminuindo o estoque final estaremos superavaliando o custo e, conseqüentemente, superavaliando o lucro.

Resposta: alternativa ___ .

7.6 Assinale a alternativa errada:

a. havendo aumento constante de custos e preços, o método UEPS superavalia o lucro;
b. havendo aumento constante de custos e preços, o método PEPS superavalia o lucro;
c. não havendo alteração de custos, qualquer que seja o método adotado, não haverá alteração no lucro;
d. havendo inflação, o método PEPS compara preços atuais com custos defasados;
e. havendo inflação, o método UEPS compara preços atuais com custos atuais.

Resposta: alternativa ___ .

7.7 A aplicação do método PEPS em detrimento do método do Custo Médio, em período de alta de custos, fará com que a empresa tenha:

a. custo menor, lucro menor e estoque final menor;

b. custo menor, lucro maior e estoque final menor;

c. custo maior, lucro menor e estoque final maior;

d. custo menor, lucro maior e estoque final maior;

e. custo maior, lucro menor e estoque final menor.

Resposta: alternativa ___ .

7.8 Considerando que estejamos em período de alta de custos, assinale a alternativa correta:

a. a aplicação do método PEPS em detrimento do método do Custo Médio fará com que a empresa tenha lucro menor;

b. a aplicação do método do Custo Médio em detrimento do método PEPS fará com que a empresa tenha custo das vendas maior;

c. a aplicação do método do Custo Médio em detrimento do método PEPS fará com a empresa tenha estoque final maior;

d. a aplicação do método do Custo Médio em detrimento do método UEPS fará com que a empresa tenha estoque final menor;

e. a aplicação do método UEPS em detrimento do método PEPS fará com que a empresa tenha custo das vendas menor.

Resposta: alternativa ___ .

7.9 A equação básica dos estoques pode ser representada por:

a. estoque inicial mais compras mais estoque final igual a custo das vendas;

b. estoque inicial menos compras mais estoque final igual a custo das vendas;

c. estoque final mais compras menos estoque inicial igual a custo das vendas;

d. estoque inicial mais compras menos estoque final igual a custo das vendas;

e. estoque final menos compras mais estoque inicial igual a custo das vendas.

Resposta: Alternativa ___ .

7.10 Assinale a alternativa correta:
   a. a legislação societária exige a aplicação dos métodos de avaliação aceitos pela legislação fiscal;
   b. a legislação fiscal exige a aplicação dos métodos de avaliação aceitos pela legislação societária;
   c. a legislação fiscal exige a aplicação de qualquer método de avaliação que seja baseado no custo histórico de aquisição;
   d. a legislação fiscal exige a aplicação dos métodos de avaliação pelo custo médio ou pelo UEPS;
   e. a legislação societária exige a aplicação de qualquer método de avaliação baseado no custo histórico de aquisição.

Resposta: alternativa ___ .

EXERCÍCIOS

ESTOQUES – XYZ

7.1 Classifique os gastos da tabela a seguir em Despesas, Custos Diretos ou Custos Indiretos:

GASTOS DO PERÍODO	$	CLASSIFICAÇÃO
Materiais diretos	25.000	
Materiais de escritório	3.000	
Materiais indiretos	7.500	
Mão-de-obra direta	9.600	
Mão-de-obra indireta	16.000	
Salários administrativos	2.500	
Depreciação – fábrica	4.800	
Depreciação – escritório	400	
Aluguel – fábrica	2.000	
Aluguel – escritório	300	
Manutenção – máquinas e equipamentos	576	
Manutenção – móveis e utensílios	120	
Combustível – vendas	2.000	
Combustível – produção	1.152	
Juros e taxas bancárias	780	
Energia – escritório	130	
Energia – fábrica	192	
Correio e telefone	90	
Despesas gerais	430	
Custos gerais	2.000	
TOTAL	**78.570**	
CUSTOS	68.820	
DESPESAS	9.750	
TOTAL	**78.570**	

7.2 Utilizando as informações apresentadas a seguir, apure o custo da produção do período por produto:

Apropriações e rateios	X	Y	Z	Total	BASE
Requisições	100	60	40	200	Quilos
Apontamentos	1.280	1.120	800	3.200	Horas
Horas/máquinas	800	480	640	1.920	Horas
Área ocupada	200	150	150	500	Metros quadrados
Quantidade	5.000	2.000	1.000	8.000	Unidades

APURAÇÃO DO CUSTO DA PRODUÇÃO

CUSTOS	X	Y	Z	TOTAL	CRITÉRIO DE APROPRIAÇÃO
DIRETOS					
Materiais					Requisições
Mão-de-obra					Apontamentos
Subtotal					
INDIRETOS					
Materiais					Materiais diretos
Mão-de-obra					Mão-de-obra direta
Depreciação					Horas/máquinas
Aluguel					Área ocupada
Manutenção					Horas/máquinas
Combustível					Horas/máquinas
Energia					Horas/máquinas
Custos gerais					Produção
Subtotal					
Total					
Produção					
Custo unitário					

Durante o período, ocorreram as seguintes vendas:

	X	Y	Z
Unidades vendidas	4.500	2.200	800
Preço unitário	7,50	12,80	30,00

7.3 Apure o custo das vendas e o estoque final pelo método do custo médio:

ESTOQUE DE PRODUTOS ACABADOS							
	QUANTIDADE				VALORES		
Operação	Entrada	Saída	Saldo	Custo unitário	Entrada	Saída	Saldo
X							
Estoque inicial			500	4,420			2.210
Produção							
Baixa							
Y							
Estoque inicial			400	9,875			3.950
Produção							
Baixa							
Z							
Estoque inicial			100				1.170
Produção							
Baixa							

7.4 Elabore a demonstração do resultado do período com o CMV apurado pelo método do custo médio:

Apuração de resultados	X	Y	Z	TOTAL
Quantidade vendida	4.500	2.200	800	7.500
Preço unitário	7,50	12,80	30,00	
Receita de vendas				
Custo das vendas				
Lucro bruto				
Despesas operacionais				
Lucro líquido				

7.5 Elabore a demonstração do resultado do período com o CMV apurado pelo método PEPS (primeiro que entra, primeiro que sai):

Apuração de resultados	X	Y	Z	TOTAL
Receita de vendas				
Custo das vendas				
Custo das vendas				
Custo total				
Lucro bruto				
Despesas operacionais				
Lucro líquido				

7.6 Elabore a demonstração do resultado do período com o CMV apurado pelo método UEPS (último que entra, primeiro que sai):

Apuração de resultados	X	Y	Z	TOTAL
Receita de vendas				
Custo das vendas				
Custo das vendas				
Custo total				
Lucro bruto				
Despesas operacionais				
Lucro líquido				

7.7 Compare os resultados obtidos pelos três métodos:

Comparação de Resultados	PEPS	Médio	UEPS
Receita de vendas			
Custo das vendas			
Custo das vendas			
Custo total			
Lucro bruto			
Despesas operacionais			
Lucro líquido			

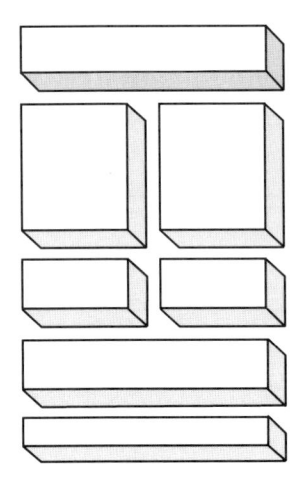

8 Operações Comerciais

TESTES

8.1 A empresa Alfa realizou as seguintes operações:

Operação	Valor de	$
1. Recebimento de aluguel do mês	aluguel	4.000
2. Compra de mercadoria com pagamento de 20% a vista	compra	5.000
3. Venda a vista de mercadorias com lucro de 30% do preço	venda	4.000
4. Compra a prazo de mercadorias	compra	5.000
5. Venda de mercadoria a prazo com entrada de 20% do preço e prejuízo de 10% do preço	venda	3.000
6. Recebimento de duplicata com multa de 10%	duplicata	4.000

Considerando exclusivamente essas seis operações, sobre as quais não incidiram impostos, podemos afirmar que, no final do período, o saldo de caixa e o estoque de mercadorias apresentaram, respectivamente, os seguintes valores:

    a. $ 3.600 e $ 3.900;
    b. $ 3.200 e $ 3.000;
    c. $ 4.060 e $ 4.500;
    d. $ 3.600 e $ 3.000;
    e. $ 3.200 e $ 3.900.

Resposta: alternativa ___ .

OPERAÇÕES COMERCIAIS

8.2 Ao contabilizar a devolução de 100 unidades de um lote de 1.000 camisas adquiridas de um fornecedor local, para revenda, a Cia. Comercial registrou, em 23-8-XX, um crédito de $ 300 na conta ICMS a recolher.

Tendo sido de 10% a alíquota de ICMS incidente na aquisição, o valor registrado no estoque relativo à operação inicial foi de:

a. $ 30.000;
b. $ 27.000;
c. $ 27.300;
d. $ 2.700;
e. $ 3.000.

Resposta: alternativa ___ .

8.3 A Cia. Comercial, contribuinte do ICMS, mas não do IPI, comprou a vista, para revender, 200 liquidificadores ao custo unitário (com ICMS e sem IPI) de $ 300, com incidência de IPI à alíquota de 20% e ICMS à alíquota de 17%. Para registrar a operação, o contador deverá efetuar o seguinte lançamento:

a.

Contas	Débito	Crédito
Estoque de mercadoria	49.800	
ICMS a recuperar	49.800	
Caixa		60.000

b.

Contas	Débito	Crédito
Estoque de mercadoria	37.800	
ICMS a recuperar	10.200	
IPI a recuperar	12.000	
Caixa		60.000

c.

Contas	Débito	Crédito
Estoque de mercadoria	60.000	
IPI a recuperar	12.000	
Caixa		72.000

d.

Contas	Débito	Crédito
Estoque de mercadoria	72.000	
ICMS a recuperar	10.200	
Caixa		82.200

e.

Contas	Débito	Crédito
Estoque de mercadoria	61.800	
ICMS a recuperar	10.200	
Caixa		72.000

Resposta: alternativa ___ .

Com base nas informações apresentadas a seguir, responda às questões de números 8.4. a 8.6.

1. A Cia. Sagitário adquiriu a prazo, para pagamento em duas duplicatas de valor igual, em 8-10-0X, 20 máquinas de calcular novas para revenda ao custo unitário de $ 100 com pagamento de 50% em 8-11-0X e o restante em 9-12-0X. A alíquota de ICMS era de 10%.

2. No período entre a data de aquisição e 30-11-0X, ocorreram as seguintes operações:

    - venda a vista, em 7-11-0X, de 10 unidades ao preço unitário de $ 120 com ICMS incluso de 10%;
    - devolução de 2 unidades em 30-11-0X, por defeito de fabricação, sendo a devolução aceita pelo fornecedor na mesma data;
    - pagamento, no vencimento, sem qualquer abatimento da primeira duplicata;
    - transferência de uma unidade, para uso próprio, em 30-11-0X.

    Em decorrência dessas operações, em 30-11-0X:

8.4 O saldo de Estoque final dessa mercadoria era de:
a. $ 630;
b. $ 720;
c. $ 810;

d. $ 700;

e. $ 600.

Resposta: alternativa ___ .

8.5 O saldo de ICMS a recuperar, líquido do ICMS a recolher era de:

a. $ 60;

b. $ 180;

c. $ 50;

d. $ 170;

e. $ 80.

Resposta: alternativa ___ .

8.6 Os saldos de Caixa e de Duplicatas a pagar eram, respectivamente, de:

a. $ 300 e $ 1.000;

b. $ 400 e $ 1.000;

c. $ 300 e $ 900;

d. $ 200 e $ 800;

e. $ 200 e $ 1.000.

Resposta: alternativa ___ .

Com base nas informações apresentadas a seguir, responda às questões de números 8.7 e 8.8:

Num determinado período, Comercial Zerep efetuou as seguintes operações:

Operação	Valor	$
1. Compra de mercadoria a prazo, com IPI não recuperável de 10% e ICMS recuperável de 18%	total da fatura	2.200
2. Venda a vista de toda a mercadoria adquirida na operação anterior, com ICMS devido de 18% do preço	total da fatura	2.500
3. Pagamento de duplicata referente a 50% do total da compra	total da duplicata	1.100
4. Recolhimento do saldo líquido dos impostos a recolher		

Considerando, exclusivamente, as operações anteriores:

8.7 Os saldos de caixa e de fornecedores eram, respectivamente:
a. $ 1.330 e $ 1.100;
b. $ 1.310 e $ 1.100;
c. $ 1.330 e $ 1.000;
d. $ 1.030 e $ 1.000;
e. $ 1.230 e $ 1.100.

Resposta: alternativa ___ .

8.8 O valor da mercadoria registrada no estoque relativamente à operação de compra foi de:
a. $ 2.380;
b. $ 2.200;
c. $ 1.840;
d. $ 2.596;
e. $ 2.020.

Resposta: alternativa ___ .

8.9 Uma mercadoria adquirida por $ 100 com impostos recuperáveis de $ 18 e vendida por $ 200 com impostos sobre vendas de $ 36 apresentou um lucro bruto de:
a. $ 136;
b. $ 118;
c. $ 100;
d. $ 82;
e. $ 64.

Resposta: alternativa ___ .

8.10 Para adquirir uma mercadoria, uma empresa despendeu os seguintes valores: valor da mercadoria de $ 200 com impostos recuperáveis de $ 36, frete de $ 20 e seguro de $ 12. O valor lançado no estoque foi de:
a. $ 164;
b. $ 196;
c. $ 200;
d. $ 220;
e. $ 232.

Resposta: alternativa ___ .

CASO PRÁTICO

Preencha os quadros apresentados a seguir:

Operações comerciais	Compra	Venda	Compra	Venda
Modalidade	CIF*	CIF	FOB**	FOB
Pagamento	a prazo	a prazo	a vista	a vista
Dia da compra	5	7	9	11
Dia do pagamento	25	27	9	11
Quantidade	100	80	200	210
Custo/Preço unitário	74	120	80	110
Valor da mercadoria	7.400	9.600	16.000	23.100
IPI não recuperável 10%	740		1.600	
Valor total da nota fiscal	8.140	9.600	17.600	23.100
ICMS recuperável 18%	1.332	1.728	2.880	4.158
Frete pago ao transportador	760	768	1.520	1.848
Valor incorporado ao estoque				
Custo unitário				

* **CIF** = *Cost, insurance and freight* (custo, seguro e frete) = frete por conta do vendedor.
** **FOB** = *Free on board* (posto a bordo) = frete por conta do comprador.

FICHA DE CONTROLE DE ESTOQUES

ESTOQUE DE MERCADORIAS		QUANTIDADES		
Operações	Entrada	Saída	Saldo	Unitário
ESTOQUE INICIAL			50	59
Aquisição				
Baixa				
Aquisição				
Baixa				

ESTOQUE DE MERCADORIAS		VALORES		
Operações	Entrada	Saída	Saldo	Médio
ESTOQUE INICIAL			2.942	59
Aquisição				
Baixa				
Aquisição				
Baixa				

APURAÇÃO DO RESULTADO

RESULTADO	Venda 1	Venda 2	Total
Vendas brutas			
Impostos sobre vendas			
Vendas líquidas			
Custo das mercadorias vendidas			
Lucro bruto			
Despesas de vendas			
Lucro líquido			

RAZONETES

ATIVOS

	Caixa		
SI			
			5
			6
			6
7			

	Clientes		
2			

	ICMS a recuperar		
SI			
1			
6			

	Estoques		
SI			
1			4
6			9

PASSIVOS

	Fornecedores		
			1

	ICMS s/vendas		
			3
			8

RESULTADO

	Receita de vendas		
			2
			7

	CMV		
4			
9			

	ICMS s/vendas		
3			
8			

	Despesas de vendas		
5			

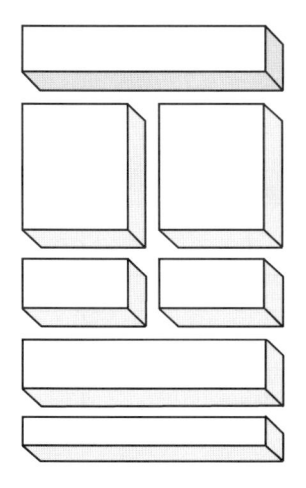

9
Imobilizado – Testes

TESTES

9.1 Os gastos com manutenção e reparos incorridos com o imobilizado durante sua vida útil normal devem ser apropriados como:

    a. despesas do exercício quando não aumentarem a vida útil ou produtividade dos bens;

    b. despesas diferidas quando aumentarem a vida útil ou produtividade dos bens;

    c. incorporações ao imobilizado independentemente de aumentarem ou não a vida útil ou produtividade dos bens;

    d. despesas do exercício independentemente de aumentarem ou não a vida útil dos bens;

    e. despesas diferidas independentemente de aumentarem ou não a vida útil dos bens.

Resposta: alternativa ___ .

9.2 Assinale a alternativa que contém, exclusivamente, bens tangíveis:

    a. edifícios, veículos, marcas e patentes;

    b. móveis e utensílios, computadores e direitos de uso de linhas telefônicas;

    c. instalações industriais, terrenos e direitos de exploração de reservas minerais;

d. máquinas, equipamentos de transporte, veículos e equipamento telefônico;

e. direitos autorais, direitos de exploração de reservas florestais, marcas e patentes.

Resposta: alternativa ___ .

9.3 Normalmente, os terrenos não são depreciados porque:

a. o valor de mercado sempre aumenta;

b. a vida útil é indeterminada;

c. são corrigidos monetariamente;

d. são bens de natureza corpórea que não se desvalorizam;

e. devem ser incorporados ao valor do edifício que nele seja construído.

Resposta: alternativa ___ .

9.4 O permanente não deve ter a seguinte característica:

a. vida útil longa;

b. propriedade da entidade;

c. uso nas atividades operacionais;

d. intenção de negociação;

e. valor relevante.

Resposta: Alternativa ___ .

9.5 O critério de avaliação do imobilizado é o:

a. custo de aquisição, incluindo os gastos necessários para colocação do bem em condições de uso;

b. custo de aquisição ou valor de mercado, dos dois o menor;

c. custo corrigido pela variação do poder aquisitivo da moeda;

d. custo de aquisição menos depreciação inerente;

e. custo histórico corrigido e depreciado.

Resposta: alternativa ___ .

9.6 A taxa de depreciação mais adequada para os bens do imobilizado é:

a. a determinada pelo Fisco no regulamento do Imposto de Renda;

b. a taxa efetiva decorrente da vida útil do bem;

c. a taxa estabelecida pelo Bacen;
d. a expressão da perda do valor da moeda;
e. calculada por meio do método da soma de dígitos.

Resposta: alternativa ___ .

9.7 Segundo a lei societária, a depreciação também leva em conta a:
a. amortização dos bens e direitos;
b. a exaustão dos bens;
c. a obsolescência, ou perda de utilidade por uso dos bens;
d. a depleção dos bens;
e. o prazo legal ou contratual de uso dos bens.

Resposta: alternativa ___ .

9.8 A exaustão é aplicada:
a. aos bens comprados de terceiros;
b. às jazidas minerais;
c. aos bens recebidos por doação;
d. aos bens em fase de construção;
e. aos computadores, quando imobilizados.

Resposta: alternativa ___ .

9.9 A contrapartida da depreciação acumulada:
a. é uma receita;
b. pode ser custo do produto ou despesa do período;
c. é a conta lucros acumulados;
d. só pode ser uma despesa;
e. é a conta caixa.

Resposta: alternativa ___ .

9.10 Das contas abaixo, pode aparecer no imobilizado:
a. importações em andamento;
b. gastos pré-operacionais;
c. imóveis para renda;
d. terrenos para futuras instalações;
e. gastos com pesquisas.

Resposta: alternativa ___ .

CASO PRÁTICO

Antes de iniciar, leia atentamente todas as informações.

Registre, nos razonetes próprios, numerando segundo a ordem em que são apresentadas, as operações detalhadas a seguir.

A empresa começa a depreciar seus ativos no mês da compra:

Situação em 31-12-20X1

Conta	Data da compra	Vida útil	Custo histórico $	Depreciação acumulada $
Edifícios	Abr./20X0	25 anos	3.600.000	252.000
Máquinas	Set./20X0	10 anos	2.200.000	293.333
Veículos	Out./20X0	5 anos	300.000	75.000
Obras em andamento		25 anos	840.000	

Operações ocorridas durante 20X2

2 de janeiro de X2 – venda a vista por $ 80.000 de duas máquinas obsoletas que haviam sido compradas em setembro de X0 por $ 360.000.

	Registro de venda	Débito	Crédito
D:	Caixa		
C:	Resultado na venda de imobilizado		

	Baixa da máquina	Débito	Crédito
D:	Resultado na venda de imobilizado		
C:	Máquinas		

	Baixa da depreciação acumulada	Débito	Crédito
D:	Depreciação acumulada de máquinas		
C:	Resultado na venda de imobilizado		

Cálculo da depreciação	$
Custo de aquisição	
Depreciação anual = 10%	
Duodécimo 1/12	
Depreciação acumulada: 16 duodécimos x 3.000	
Setembro a Dezembro/X0 = 4 duodécimos	
Janeiro a Dezembro/X1 = 12 duodécimos	

2 de fevereiro de X2 – mão-de-obra, materiais de construção e custos gerais, no montante de $ 840.000, referentes à construção de um refeitório que foi concluído e entrou em operação nesta data.

		Débito	Crédito
D:			
C:			

10 de março de X2 – compra a vista de um veículo para uso do gerente de vendas nas seguintes condições:

Valor básico	
Opcionais	
Certificado de registro	
IPVA	

		Débito	Crédito
D:			
D:			
C:			

15 de março de X2 – gastos de $ 8.000, pagos a vista, com regulagem de motor, freios e direção de veículos comprados em X0.

		Débito	Crédito
D:			
C:			

10 de maio de X2 – pagamento de $ 90.000, referente à construção de instalações para máquinas (que foram adquiridas e começaram a operar em maio). Vida útil estimada das instalações: 10 anos. Custo das máquinas $ 1.200.000, como segue:

Valor devido ao fornecedor (a prazo)	
Imposto de importação e gastos para desembaraço na alfândega (a vista)	
Gastos com os técnicos do fabricante para montagem e regulagem das máquinas na fábrica (a vista)	

	Registro das instalações	Débito	Crédito
D:			
C:			

	Registro da compra da máquina	Débito	Crédito
D:			
C:			
C:			

5 de junho de X2 – pagamento das máquinas adquiridas em abril.

		Débito	Crédito
D:			
C:			

10 de agosto de X2 – pagamento do IPVA dos veículos velhos, $ 17.000.

		Débito	Crédito
D:			
C:			

5 de outubro de X2 – pintura da parte antiga do edifício, $ 75.000.

		Débito	Crédito
D:			
C:			

Dezembro de X2 – contabilização da depreciação do exercício.

		Débito	Crédito
D:			
C:			
C:			
C:			
C:			

Cálculo da depreciação

Edifícios	$

Máquinas	$
Saldo inicial	
Baixas	
Saldo a depreciar	
Depreciação do saldo =	
Depreciação da aquisição =	
Depreciação do período	

Veículos	$
Saldo inicial =	
Aquisição =	

Instalações	$
Aquisição =	

CONTAS DO ATIVO

Caixa				
SI 5.000.000				

Edifícios		Veículos		Máquinas	
SI 3.600.000		SI 300.000		SI 2.200.000	

Depreciação de edifícios		Depreciação de veículos		Depreciação de máquinas	
	252.000 – SI		75.000 – SI		293.333 – SI

Instalações			

Depreciação de instalações			Obras em andamento	

CONTAS DO PASSIVO

Contas a pagar		Fornecedores			

CONTAS DO RESULTADO

Despesas de manutenção e reparos		Despesas com impostos e taxas		Despesas com depreciação	

				Resultado na venda de máquinas	

SI = Saldo inicial   SF = Saldo final

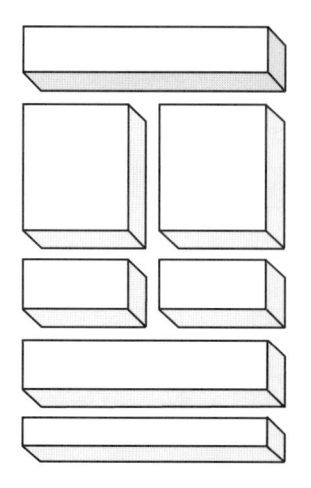

10 Investimentos Permanentes

TESTES

10.1 Considera-se que uma sociedade é coligada da investidora quando a participação da investidora no capital social da investida for:

a. de até 10%;
b. superior a 51% do capital votante da investida;
c. igual ou superior a 10%, sem que atinja o controle acionário;
d. participação inferior a 51%.

Resposta: alternativa ___ .

10.2 Condição necessária para que uma sociedade possa ser considerada "CONTROLADA" pela Investidora:

a. participação da investidora superior a 10% do capital social da investida;
b. preponderância nas deliberações sociais e o poder de eleger a maioria dos administradores;
c. participação global superior a 45%;
d. a investidora possuir 100% das ações preferenciais.

Resposta: alternativa ___ .

10.3 Para se determinar, na investidora, a relevância de um investimento em participações societárias, compara-se o valor do investimento com o:

a. patrimônio líquido da sociedade investida;
b. capital social da coligada;

c. capital social da controlada;
  d. patrimônio líquido da sociedade investidora.

Resposta: alternativa ___ .

10.4 Para a INVESTIDORA, isoladamente, o investimento permanente em sociedade coligada será RELEVANTE quando for igual ou superior a:
  a. 10% do patrimônio líquido da investidora;
  b. 15% do patrimônio líquido da investidora;
  c. 10% do patrimônio líquido da investida;
  d. 20% do patrimônio líquido da investidora.

Resposta: alternativa ___ .

10.5 Para a INVESTIDORA, o total de investimentos permanentes em sociedades coligadas e controladas será RELEVANTE quando for superior a:
  a. 10% do patrimônio líquido da investidora;
  b. 15% do patrimônio líquido das coligadas e controladas;
  c. 15% do patrimônio líquido da investidora;
  d. 15% do patrimônio líquido das coligadas.

Resposta: alternativa ___ .

10.6 Para fins de determinação da RELEVÂNCIA, serão adicionados aos SALDOS DOS INVESTIMENTOS:
  a. as contas a receber da coligada contra a sociedade investidora;
  b. as contas a pagar da coligada contra uma sociedade controlada;
  c. o capital social das sociedades coligadas e controladas;
  d. o total dos créditos de natureza não operacional, da sociedade controladora contra as sociedades controladas e coligadas.

Resposta: alternativa ___ .

10.7 Os dividendos recebidos de sociedade controlada, cujo investimento é avaliado pelo método de equivalência patrimonial, devem ser contabilizados na investidora como:
  a. receita operacional;
  b. redução de investimentos;

c. receita não operacional;
d. receita financeira.

Resposta: alternativa ___ .

10.8 Os dividendos recebidos de sociedade coligada, cujo investimento é avaliado pelo método do custo, devem ser contabilizados na investidora como:
   a. receita do exercício;
   b. redução de investimentos;
   c. resultados acumulados;
   d. receita financeira.

Resposta: alternativa ___ .

10.9 O ágio representa a diferença a:
   a. maior entre o valor pago pelo investimento e seu valor de mercado;
   b. menor entre o valor pago pelo investimento e seu valor de mercado;
   c. maior entre o valor pago pelo investimento e o valor resultante da aplicação do percentual de participação sobre o patrimônio líquido da sociedade investida;
   d. menor entre o valor pago pelo investimento e o valor resultante da aplicação do percentual de participação sobre o patrimônio líquido da sociedade investida.

Resposta: alternativa ___ .

10.10 Quando a participação societária for permanente e relevante, o efeito gerado por prejuízos apurados na investida avaliada pelo método da equivalência patrimonial deve ser registrado pela empresa controladora da seguinte forma:
   a. lucros/prejuízos acumulados a Participações societárias – Grupo do Permanente – Investimentos;
   b. Participações societárias – Grupo do Permanente – Investimentos a Lucros/prejuízos acumulados;
   d. Participações nos resultados de coligadas e controladas a Lucros/prejuízos acumulados;
   e. Participações nos resultados de coligadas e controladas a Participações societárias – Grupo do Permanente – Investimentos.

Resposta: alternativa ___ .

CASO PRÁTICO

Parte 1 – Determinação do critério de avaliação

Observando o que determina a Instrução CVM 247, indique se os investimentos nas situações a seguir deverão ser avaliados pelo método da equivalência patrimonial (MEP) ou pelo método do custo de aquisição (MCA).

1. A Cia. ABC possui 99% das ações da Empresa Alfa adquiridas ao custo de $ 1.800. O patrimônio líquido da ABC é de $ 19.000.						
2. A Cia. Alfa, cujo patrimônio líquido é de $ 160.000, participa das seguintes controladas e coligadas:						
Empresa	Investimento	Participação no capital	Influência	Coligada	Controlada	
Beta	10.000	95%	sim		X	
Gama	3.000	25%	não	X		
Delta	600	12%	sim	X		
Ceres	12.000	15%	não	X		
3. A Cia. Beta, cujo patrimônio líquido é de $ 46.000, possui 9.000 ações preferenciais da empresa Gama adquiridas ao custo de $ 28.000. O capital da Gama é composto de 40.000 ações ordinárias e 60.000 ações preferenciais e seu patrimônio líquido é de $ 300.000						
4. A Cia. Z, cujo patrimônio líquido é de $ 20.000, possui 30% das ações da Cia. X, adquiridas ao custo de $ 1.800. Na data de seu balanço, Z tinha um crédito em X de $ 300 decorrente de empréstimo intercompanhias.						
5. A Cia. B adquiriu por $ 4.400 (seu patrimônio líquido é de $ 6.000) 12% das ações da Cia. C. Não há influência de B em C.						

Parte 2 – Determinação do resultado da equivalência patrimonial

1. A Cia. Investidora adquiriu por $ 72.000, em 31-12-X1, 60% das ações da Cia. Investida, cujo patrimônio líquido nessa data era de $ 120.000. Em 31-12-X2, a Cia. Investida apurou um lucro líquido de $ 15.000, do qual a administração propõe a distribuição de $ 5.000 de dividendos. Assumindo que o investimento seja relevante, efetue, na Cia. Investidora, a contabilização de compra, da avaliação do investimento e dos dividendos.

Investimentos		Caixa	
		xxxxx	

Resultado da Equivalência Patrimonial		Dividendos a receber	

2. A Cia. A, em 31-12-X1, possuía participação (relevante) de 80% na Cia. B, registrada por $ 200.000. No exercício encerrado em 31-12-X2, a Cia. B apurou um prejuízo líquido de $ 40.000. Efetue, na Cia. A, o lançamento da avaliação do investimento na Cia. B.

Investimentos		Resultado da Equivalência Patrimonial	

3. A Cia. A, em 31-12-X1, possuía participação (relevante) de 70% na Cia. B, registrada por $ 140.000. Em 30-3-X2, a Cia. B deliberou distribuir $ 10.000 da conta de lucros acumulados e aumentar seu capital com a utilização de reservas no montante de $ 30.000. Em função do aumento de capital, a Cia. B emitiu 30.000 ações e as distribuiu a seus acionistas. Efetue, na Cia. A, o(s) lançamento(s) correspondente(s) à distribuição de lucros e à capitalização de reserva.

Investimentos	Dividendos a Receber

Parte 3 – Eliminação de lucros não realizados

1. A Investidora possui 30% das ações da Investida avaliada pelo método da equivalência patrimonial em $ 9.000. No encerramento do exercício, a Cia. Investidora mantém em estoque mercadorias adquiridas da Investida por $ 10.000. A Investida havia adquirido essas mercadorias de terceiros por $ 8.000.

   No encerramento do exercício, a Investida apurou um lucro de $ 5.000. Qual o resultado da equivalência?

	$
Patrimônio líquido da Investida antes da apuração do resultado	
Resultado do exercício	
Patrimônio líquido final	
Participação da Investidora = 30%	
Lucros não realizados	
Participação ajustada	
Valor contábil do investimento	
Resultado da equivalência patrimonial	

Parte 4 – Ágio ou deságio na aquisição ou subscrição

1. **A administração da Cia. Sol resolveu diversificar suas atividades e adquiriu investimentos relevantes nas empresas Dó, Ré e Mi.**

Na data de aquisição, a posição dessas empresas era a seguinte:

Empresas	Patrimônio Líquido	%	Valor patrimonial	Custo de aquisição	Ágio (Deságio)
Dó	2.000	100	2.000	2.800	
Ré	5.000	70	3.500	3.200	
Mi	100.000	5	5.000	6.000	

Quais seriam os lançamentos por ocasião da aquisição na Cia. Sol?

```
  Investimento em Dó                              Caixa
  ─────────────────                           ─────────────
         │                                          │
         │                                          │
         │                                          │


  Investimento em Ré
  ─────────────────
         │
         │


  Investimento em Mi
  ─────────────────
         │
         │
```

2. **Como seria fundamentado o ágio ou deságio dessas aquisições?**

Atenção: os bens da empresa Dó estão registrados contabilmente a um custo **inferior** ao valor de mercado. Todavia, os bens da empresa Ré são **equivalentes** ao mercado, além do que ela vem experimentando sucessivos prejuízos, não estando prevista nenhuma mudança de situação nos próximos cinco anos.

Ágio Dó –

Deságio Ré –

Parte 5 – Resultado da equivalência

1. A Cia. Ping adquiriu, em 2-1-X1, 30% das ações da Cia. Pong, ao custo de $ 5.000. O ágio foi justificado como avaliação dos ativos da Pong a valores de custo abaixo do mercado. Em 31-12-X1, a Pong apresentou a Demonstração das Mutações do Patrimônio Líquido a seguir. Determine os lançamentos contábeis na Ping desde a data da aquisição. Considere que a Ping participou dos aumentos de capital na proporção a que tinha direito.

Cia. Pong - Demonstração das Mutações do Patrimônio Líquido

Data	Histórico	Capital	Reserva de capital	Reserva de reavaliação	Reserva de lucros	Lucro acumulado	Total
01-01	Inicial	5.000	2.000		2.000	1.000	10.000
30-04	Capitalização	3.000	(2.000)			(1.000)	
30-04	Integralização	3.000	8.250				11.250
30-04	Reavaliação			9.000			9.000
30-06	Doação de terreno		5.000				5.000
31-12	Resultado					7.000	7.000
31-12	Reservas				700	(700)	
31-12	Dividendos					(4.000)	(4.000)
31-12	Final	11.000	13.250	9.000	2.700	2.300	38.250

Contabilidade da Cia. Ping

Investimento		Ágio		Caixa		Dividendos a receber	

Resultado da equivalência		Reserva de reavaliação		Receita não operacional			

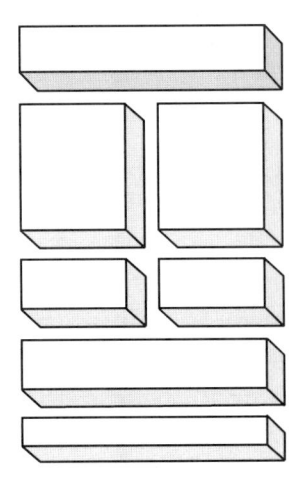

11
Exercício Social e Demonstrações Contábeis

TESTES

11.1 Exercício Social é o período de tempo:
   a. entre a compra da matéria-prima e a venda do produto acabado;
   b. entre o pagamento das compras e o recebimento das vendas;
   c. determinado pela legislação societária para que as companhias apresentem demonstrações contábeis;
   d. determinado pela legislação tributária para que as empresas apresentem a declaração de Imposto de Renda.

Resposta: alternativa ___ .

11.2 O exercício social deve:
   a. coincidir com exercício fiscal;
   b. coincidir com o calendário civil;
   c. ser encerrado na data determinada no estatuto social;
   d. ser encerrado na data determinada na legislação fiscal.

Resposta: alternativa ___ .

11.3 No encerramento do exercício social, as companhias devem:
   a. elaborar as demonstrações contábeis;
   b. entregar declaração de Imposto de Renda;
   c. eleger a diretoria para o próximo exercício;
   d. realizar assembléia geral ordinária.

Resposta: alternativa ___ .

11.4 As demonstrações contábeis determinadas pela legislação societária pela CVM – Comissão de Valores Mobiliários compreendem:

   a. demonstração do resultado, balanço patrimonial, demonstração das mutações do patrimônio líquido e demonstração das origens e aplicações de recursos;

   b. demonstração do resultado, balanço social, demonstração dos resultados acumulados e demonstração das origens e aplicações de recursos;

   c. demonstração do resultado, balanço patrimonial, demonstração das mutações do patrimônio líquido e demonstração do fluxo de caixa;

   d. demonstração do resultado, balanço social, demonstração dos resultados acumulados e demonstração do fluxo de caixa.

Resposta: alternativa ___ .

11.5 As demonstrações contábeis das sociedades anônimas de capital aberto devem ser elaboradas de acordo com as normas emanadas da legislação societária e:

   a. do Banco Central do Brasil;

   b. da legislação tributária;

   c. do Instituto Brasileiro de Contadores (Ibracon);

   d. da Comissão de Valores Mobiliários (CVM).

Resposta: alternativa ___ .

11.6 As demonstrações contábeis das sociedades anônimas de capital aberto devem ser auditadas por auditores:

   a. independentes e da CVM;

   b. independentes;

   c. do Banco Central e da CVM;

   d. independentes e do Banco Central.

Resposta: alternativa ___ .

11.7 As sociedades anônimas de capital aberto:

   a. devem substituir a Demonstração de Resultados Acumulados pela Demonstração das Mutações do Patrimônio Líquido;

   b. podem substituir a Demonstração de Resultados Acumulados pela Demonstração das Mutações do Patrimônio Líquido;

c. devem substituir a Demonstração das Origens e Aplicações de Recursos pela Demonstração do Fluxo de Caixa;

d. podem substituir a Demonstração das Origens e Aplicações de Recursos pela Demonstração do Fluxo de Caixa.

Resposta: alternativa ___ .

11.8 As sociedades anônimas de capital aberto devem apresentar demonstrações contábeis comparativas com:

a. os dois últimos exercícios;

b. as projeções para o próximo exercício;

c. as demonstrações contábeis da controladora;

d. o último exercício.

Resposta: alternativa ___ .

11.9 As demonstrações contábeis do exercício anterior apresentadas para fins comparativos com as demonstrações do exercício que está sendo encerrado devem ser apresentadas pelos valores históricos:

a. nominais;

b. atualizados pela variação da Ufir;

c. atualizados pela variação cambial;

d. atualizados pela TJLP.

Resposta: alternativa ___ .

11.10 As sociedades anônimas de capital fechado devem seguir as normas da:

a. legislação societária e do Banco Central;

b. CVM e do Banco Central;

c. legislação societária e da CVM;

d. legislação societária.

Resposta: alternativa ___ .

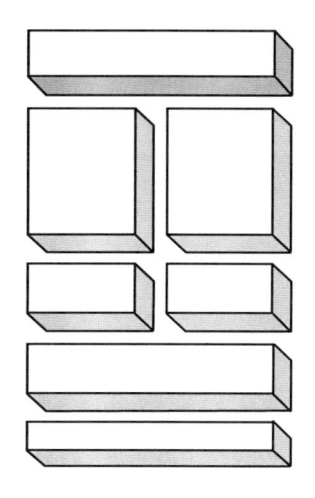

12
Apuração e Demonstração do Resultado

TESTES

Com base nas informações apresentadas a seguir, responda às questões de números 12.1 a 12.3.

A Cia. Lucrol apresentou, no encerramento do exercício, o balancete a seguir identificado nas colunas de saldos preliminares. A partir desses saldos, encerre as contas de resultado, apure e contabilize a despesa de Imposto de Renda na base de 35% do lucro encontrado, elabore a demonstração do resultado e complete as colunas de saldos finais no quadro seguinte.

CONTAS/SALDOS	Preliminares		Finais	
	Devedores	Credores	Devedores	Credores
Caixa	2.000		2.000	
Bancos	163.000		163.000	
Duplicatas a receber	293.000		293.000	
Estoques	214.900		214.900	
Ações de companhias coligadas	100.000		100.000	
Imóveis	200.000		200.000	
Móveis e utensílios	18.000		18.000	
Veículos	20.000		20.000	
Capital social		215.000		215.000
Custo das mercadorias vendidas	411.400			
Contas a receber	7.500		7.500	
Títulos a pagar		110.000		110.000
Títulos negociáveis	87.300		87.300	
Contas a pagar		86.800		86.800

CONTAS/SALDOS	Preliminares		Finais	
	Devedores	Credores	Devedores	Credores
Seguros pagos antecipadamente	6.000		6.000	
Lucros acumulados		26.300		303.850
Despesas gerais	10.000			
Despesas de seguros	4.000			
Despesas de comissões	13.000			
Imposto sobre vendas	4.900			
Vendas		985.200		
Fornecedores		198.000		198.000
Despesas de salários	121.100			
Lucro na venda do imobilizado		6.200		
Empréstimos		48.600		48.600
Provisão para o Imposto de Renda				149.450
	1.676.100	1.676.100	1.111.700,00	1.111.700,00

12.1 O lucro operacional apurado foi de:

a. $ 420.800;
b. $ 427.000;
c. $ 277.550;
d. $ 568.900;
e. $ 980.300.

Resposta: alternativa ___ .

12.2 O lucro líquido do exercício apurado foi de:

a. $ 427.000; antes do I R.
b. $ 420.800;
c. $ 421.000;
d. $ 273.650;
e. $ 277.550.

Resposta: alternativa ___ .

12.3 O total de saldos finais devedores e credores foi de:

a. $ 1.105.700;
b. $ 1.111.700;
c. $ 1.117.700;
d. $ 1.111.200;
e. $ 1.122.700.

Resposta: alternativa ___ .

12.4 Assinale a alternativa correta:

a. no cômputo do lucro operacional não são consideradas as receitas financeiras;
b. a despesa de depreciação tem como contrapartida a conta Reserva de Depreciação;
c. a despesa financeira deve ser apresentada líquida das receitas financeiras;
d. a receita da venda de bens do ativo permanente é considerada como operacional;
e. a venda de sucatas geradas pelo processo produtivo normal deve ser considerada como receita não operacional.

Resposta: alternativa ___ .

12.5 O lançamento de encerramento da conta de Impostos sobre vendas deve ser feito a:

a. débito de Receita de vendas e a crédito de Impostos sobre vendas;
b. débito de Receita de vendas e a crédito de Resultado do exercício;
c. crédito de Impostos sobre vendas e a débito de Receita de vendas;
d. crédito de Impostos sobre vendas e a débito de Resultado do exercício;
e. crédito de Impostos sobre vendas e a débito de Resultados Acumulados.

Resposta: alternativa ___ .

12.6 A despesa de Imposto de Renda da empresa deve ser contabilizada a débito de:

a. Despesa com Imposto de Renda e a crédito de Reserva para Imposto de Renda;
b. Despesa de Imposto de Renda e a crédito de Lucro antes do Imposto de Renda;
c. Lucro antes do Imposto de Renda e a crédito de Despesa de Imposto de Renda;
d. Despesa de Imposto de Renda e a crédito de Provisão para o Imposto de renda;
e. Lucro antes do Imposto de Renda e a crédito de Provisão para o Imposto de Renda.

Resposta: alternativa ___ .

12.7 O Lucro Operacional é a diferença entre todas as receitas operacionais:
  a. e todas as despesas operacionais;
  b. exceto as financeiras, e todas as despesas operacionais;
  c. e todas as despesas operacionais, exceto as financeiras;
  d. inclusive saldo credor de reavaliação de ativos e todas as despesas operacionais;
  e. e todas as despesas operacionais, inclusive o saldo devedor de reavaliação de ativos.

Resposta: alternativa ___ .

12.8 A Receita Operacional Líquida é a Receita Bruta de Vendas deduzida:
  a. dos impostos sobre vendas e do custo das vendas;
  b. dos impostos sobre vendas, exceto o Imposto sobre Produtos Industrializados;
  c. das deduções das vendas;
  d. das deduções das vendas e do custo das vendas;
  e. das deduções das vendas, exceto o Imposto sobre Produtos Industrializados.

Resposta: alternativa ___ .

12.9 As Deduções das Vendas são compostas dos impostos e contribuições sobre vendas:
  a. devoluções e abatimentos financeiros;
  b. devoluções e abatimentos comerciais;
  c. devoluções e abatimentos comerciais e financeiros;
  d. custo das vendas e abatimentos financeiros;
  e. custo das vendas e despesas operacionais.

Resposta: alternativa ___ .

12.10 O Lucro Bruto é a diferença entre a Receita Operacional:
  a. Bruta e o Custo das Vendas;
  b. Bruta, o Custo das Vendas e as Despesas Operacionais;
  c. Líquida, as Deduções de Vendas e o Custo das Vendas;
  d. Líquida e o Custo das Vendas;
  e. Líquida, o custo das Vendas e as Despesas Operacionais.

Resposta: alternativa ___ .

CASO PRÁTICO

Lucrativa S.A.

Com base no balancete de 31-12-X1, apresentado em páginas subseqüentes, faça o seguinte:

a. identifique as contas Patrimoniais (Ativos e Passivos) e as contas de Resultado (Receitas e Despesas);

b. utilizando os razonetes, abra uma conta para cada conta de Resultado com o respectivo saldo atual;

c. faça os lançamentos de encerramento dessas contas, numerando-os com o objetivo de apurar o resultado do exercício antes do Imposto de Renda;

d. provisione o Imposto de Renda, que será calculado na base de 30% do lucro obtido em (c);

e. transfira o LLE para Resultados acumulados e aproprie:

- Reserva legal: 5% do LLE;

- Provisão para dividendos: 40% do LLE após a constituição da reserva Legal;

f. prepare novo balancete (no local já destinado para tal), no qual, em vez de aparecerem os saldos das contas de receitas e despesas, será apresentado o lucro ou prejuízo do exercício;

g. prepare a Demonstração do Resultado do Exercício e a Demonstração de Resultados Acumulados utilizando os quadros anexos;

h. observando as informações a seguir, prepare o Balanço Patrimonial, utilizando o quadro anexo;

i. informações sobre a classificação do Balanço Patrimonial:

1. O saldo de contas a receber será realizado em 720 dias.

2. Os títulos a pagar vencerão em 450 dias.

3. As contas a pagar vencerão dentro do próximo exercício.

4. Os empréstimos tomados vencerão dentro do próximo exercício.

LUCRATIVA S.A.	Saldos Preliminares		Saldos Finais	
Balancete de Verificação	Devedores	Credores	Devedores	Credores
Caixa	2.000			
Bancos	163.000			
Duplicatas a receber	293.000			
Estoques	214.900			
Ações de companhias coligadas	100.000			
Imóveis	200.000			
Móveis e utensílios	18.000			
Veículos	20.000			
Capital social		215.000		
Reserva legal				
Custo das mercadorias vendidas	411.400			
Contas a receber	7.500			
Títulos a pagar		110.000		
Títulos negociáveis	87.300			
Contas a pagar		86.800		
Seguros pagos antecipadamente	6.000			
Lucros acumulados		98.300		
Despesas gerais	40.000			
Despesas com fretes	32.000			
Despesas de seguros	4.000			
Despesas com juros	24.000			
Despesas de comissões	45.000			
Imposto sobre vendas	104.900			
Vendas		980.200		
Fornecedores		198.000		
Provisão para dividendos				
Despesas de salários	81.100			
Receitas financeiras		11.000		
Lucro na venda do imobilizado		6.200		
Empréstimos		148.600		
Provisão para o Imposto de Renda				
Total	1.854.100	1.854.100		

RAZONETES

Despesas gerais		Despesas com fretes		Despesas de seguros	

Despesas com juros		Despesas de comissões		Impostos sobre vendas	

Vendas		Despesas de salários		Receitas financeiras	

Lucro na venda de imobilizado				CVM	

Resultado do exercício				Resultados acumulados	

Reserva legal		Provisão para dividendos		Provisão para o IR	

LUCRATIVA S.A.	
Demonstração do Resultado do Exercício – DRE	$
Receita operacional bruta	
Vendas	
Impostos sobre vendas	
Receita operacional líquida	
Custo das mercadorias vendidas	
Lucro bruto	
Despesas operacionais	
com vendas	
administrativas	
financeiras	
Lucro operacional	
Resultado não operacional	
Lucro antes do IR e CS	
Despesa de Imposto de Renda e contribuição social	
Lucro líquido do exercício	

Demonstração de Resultados Acumulados – DRA	$
Saldo inicial	
LLE	
Apropriações:	
Reserva legal	
Dividendos	
Saldo final	

CIA. LUCRATIVA S.A.
BALANÇO PATRIMONIAL
31-12-X1

ATIVO		PASSIVO	
Circulante		**Circulante**	
Caixa		Fornecedores	
Bancos		Instituições financeiras	
Aplicações de liquidez imediata		Contas a Pagar	
Duplicatas a receber		Provisão p/Imposto de Renda	
Estoques		Provisões para dividendos	
Despesas pagas antecipadamente			
Total do ativo circulante		**Total do passivo circulante**	
Realizável a longo prazo		**Exigível a longo prazo**	
Contas a receber		**Instituições financeiras**	
Permanente		**Patrimônio líquido**	
Investimentos Ações de companhias coligadas		Capital Social	
Imobilizados			
Imóveis		**Reserva Legal**	
Móveis e utensílios		**Lucros acumulados**	
Veículos			
Total do imobilizado			
Total do ativo permanente		**Total do patrimônio líquido**	
TOTAL DO ATIVO		**TOTAL DO PASSIVO**	

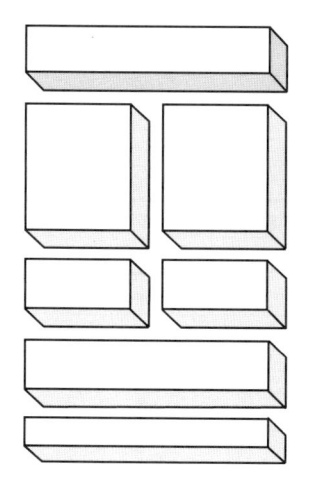

13 Demonstração de Resultados Acumulados

TESTES

13.1 **A Demonstração de Resultados Acumulados tem o objetivo de demonstrar de forma ordenada e padronizada:**

a. as receitas realizadas e as despesas incorridas pela companhia ao longo do exercício;

b. a constituição e utilização das reservas de lucros;

c. a movimentação da conta de Resultados Acumulados ocorrida durante o exercício;

d. os dividendos distribuídos e recebidos pela companhia ao longo do exercício.

Resposta: alternativa ___ .

13.2 **Por determinação da CVM, as companhias abertas devem substituir a Demonstração de Resultados Acumulados pela Demonstração:**

a. das Mutações do Patrimônio Líquido;

b. das Origens e Aplicações de Recursos;

c. do Fluxo de Caixa;

d. do Capital Circulante Líquido (CCL).

Resposta: alternativa ___ .

13.3 A Demonstração de Resultados Acumulados discriminará:
 a. a variação da conta capital;
 b. quaisquer modificações ocorridas nas contas de reservas;
 c. as reversões de reservas e o lucro líquido do exercício;
 d. a acumulação de lucros na conta caixa.

Resposta: alternativa ___ .

13.4 Como ajustes de exercícios anteriores são considerados:
 a. as contas pendentes;
 b. as reversões de reservas;
 c. o prejuízo do exercício;
 d. os decorrentes de mudanças de critério contábil.

Resposta: alternativa ___ .

13.5 A reserva legal:
 a. deverá ser constituída na base de 5% do lucro líquido, até o montante de 20% do capital social;
 b. não poderá ser utilizada para aumento de capital;
 c. não poderá ser utilizada para compensar prejuízos;
 d. deverá ser constituída somente no caso de companhias de capital aberto.

Resposta: alternativa ___ .

CASO PRÁTICO

A partir do balancete das contas de resultado apresentado a seguir e com base nas informações disponíveis, elabore:

1. Demonstração do resultado do exercício.
2. Demonstração de lucros ou prejuízos acumulados.
3. Cálculo das participações estatutárias.
4. Cálculo das reservas legal e estatutária.
5. Demonstração dos lucros não realizados.
6. Cálculo dos dividendos.

INFORMAÇÕES DISPONÍVEIS	$/%
Saldo inicial de prejuízos acumulados	($ 1.900)
Ajuste de exercícios anteriores - Receita não reconhecida	$ 400
Reversão de reserva para contingências	$ 2.800
Participação estatutária de empregados = %	10%
Participação estatutária de administradores = %	5%
Lucros não realizados = % do lucro na venda de imóvel	40%
Reserva legal = % do LLE	5%
Reserva estatutária = % do LLE após Reserva Legal	10%
Dividendos = % do LLE ajustado conforme Lei nº 6.404	30%

CIA. LINCE – BALANCETE – APENAS CONTAS DE RESULTADO

CONTAS DE RESULTADO	DÉBITO	CRÉDITO
Vendas		136.000
Comissões sobre vendas	6.800	
Impostos sobre vendas	34.000	
Publicidade e propaganda	4.080	
Descontos financeiros concedidos	1.360	
Receitas financeiras		272
Custo das vendas	40.800	
Honorários da diretoria	2.720	
Salários administrativos e encargos	6.800	
Impostos e taxas	4.080	
Depreciações e amortizações	9.520	
Despesas administrativas gerais	10.880	
Despesas financeiras	2.040	
Lucro na venda de imobilizado		7.000
Prejuízo na avaliação de controladas	1.600	
Despesa com Imposto de Renda	7.000	
Outras receitas não operacionais		2.200
Outras despesas não operacionais	1.900	
Perdas não operacionais	1.250	
Lucro na venda de bens móveis		500
Baixa de ativos obsoletos	1.142	
	135.972	145.972

CIA. LINCE	
1. DEMONSTRAÇÃO DO RESULTADO DO EXERCÍCIO	
Vendas brutas	136.000
Deduções das vendas	(34.000)
Vendas líquidas	**102.000**
Custo das vendas	(40.800)
Lucro bruto	**61.200**
Despesas com vendas	(10.880)
Despesas financeiras líquidas	(3.128)
Despesas administrativas	(34.000)
Resultado da equivalência patrimonial	(1.600)
Lucro operacional	**11.592**
Resultado não operacional	5.408
Lucro antes dos impostos	**17.000**
Imposto de Renda e contribuição social	(7.000)
Lucro antes das participações	**10.000**
Participações estatutárias	
Empregados	(850)
Administradores	(382)
Lucro líquido do exercício	**8.768**

2. DEMONSTRAÇÃO DE RESULTADOS ACUMULADOS	
Saldo no início do exercício (prejuízo)	
Ajuste de exercícios anteriores	
Saldo ajustado	
Reversão de reserva para contingências	
Lucro líquido do exercício	
Transferência para reservas	
Legal	
Estatutária	
Lucros a realizar	
Dividendo obrigatório	
Saldo final de resultados acumulados	

3. CÁLCULO DAS PARTICIPAÇÕES	
Prejuízo acumulado ajustado	
Lucro antes das participações	
Base de cálculo	
Participação dos empregados – 10%	
Base de cálculo	
Participação dos administradores – 5%	

4. CÁLCULO DAS RESERVAS	
Lucro líquido do exercício	
Reserva legal – 5%	
Base de cálculo da Reserva Estatutária	
Reserva estatutária – 10%	

5. LUCROS A REALIZAR	
Lucro na venda do imobilizado	
Parcela a realizar a longo prazo	
Reservas constituídas	
Legal	
Estatutária	
Reserva de lucros a realizar	

6. CÁLCULO DOS DIVIDENDOS	
Prejuízo ajustado	
Reversão da Reserva para Contingências	
Lucro líquido do exercício	
Reserva legal	
Reserva de lucros a realizar	
Base de cálculo	
Dividendos – %	

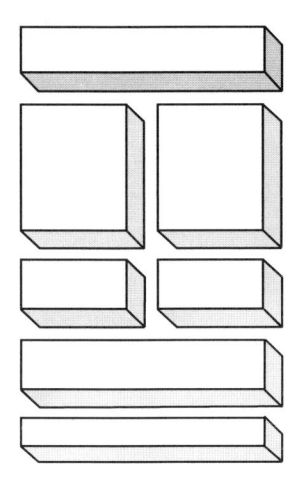

14
Balanço Patrimonial

TESTES

Com base nas informações apresentadas a seguir, responda às questões de números 14.1 a 14.6.

	Débitos	Créditos
Caixa	100	
Bancos – Conta movimento	2.000	
Aplicações de liquidez imediata	1.200	
Duplicatas a receber	15.000	
Produtos acabados	8.000	
Produtos em processo	1.300	
Matérias-primas	2.500	
Outras contas a receber	450	
Despesas pagas antecipadamente	120	
Depósitos compulsórios (vencimento em 10 anos)	750	
Títulos a receber (vencimento em 4 anos)	1.100	
Investimentos em empresas coligadas	890	
Investimentos em empresas controladas	210	
Terreno para futura expansão	130	
Imobilizado	12.000	
Reavaliação do imobilizado	3.000	
Despesas diferidas	420	
Capital a integralizar	2.170	
Impostos sobre vendas	18.435	
Custo das vendas	51.910	
Despesas com vendas	8.700	
Despesas administrativas	12.300	
Despesas financeiras	4.380	
Despesas não operacionais	2.420	
Subtotal	**149.485**	

	Débitos	Créditos
Subtotal	149.485	
Fornecedores		4.800
Instituições financeiras ($ 2.300 vencem em 5 anos)		15.800
Salários e encargos sociais a pagar		3.300
Impostos e contribuições a recolher		2.400
Contas a pagar		380
Provisão para contingência (exigível após dois anos)		1.200
Capital subscrito		6.700
Reserva de subvenção para investimento		3.800
Reserva de ágio na subscrição de ações		400
Reserva de reavaliação		3.000
Reserva legal		1.500
Reserva para contingência		700
Resultados acumulados		1.200
Provisão para devedores duvidosos		150
Duplicatas descontadas		2.000
Provisão para desvalorização do estoque		700
Depreciação acumulada		4.800
Amortização acumulada		210
Receita bruta de vendas		92.175
Receitas financeiras		3.820
Resultado da equivalência patrimonial		370
Receitas não operacionais		80
	149.485	149.485

14.1 O ativo circulante totalizou:

a. 30.670;

b. 30.520;

c. 28.520;

d. 27.820;

e. 25.820.

Resposta: alternativa ___ .

14.2 O ativo permanente totalizou:

a. 11.640;

b. 11.850;

c. 15.420;

d. 16.520;

e. 16.650.

Resposta: alternativa ___ .

14.3 O passivo circulante totalizou:

a. 12.080;

b. 24.380;

c. 25.580;

d. 27.880;

e. 29.880.

Resposta: alternativa ___ .

14.4 O patrimônio líquido, após a apuração do resultado do período, totalizou:

a. 22.310;

b. 20.140;

c. 19.930;

d. 15.130;

e. 13.430.

Resposta: alternativa ___ .

14.5 A receita operacional líquida totalizou:

a. 77.930;

b. 77.560;

c. 73.740;

d. 69.920;

e. 69.550.

Resposta: alternativa ___ .

14.6 O resultado do exercício foi:

a. lucro de 4.000;

b. lucro de 970;

c. lucro de 640;

d. prejuízo de 1.700;

e. prejuízo de 2.070.

Resposta: alternativa ___ .

14.7 Uma empresa adquiriu um terreno para construir uma nova fabrica cujo início da construção está previsto para daqui a cinco anos. Enquanto não estiver em uso, esse terreno deverá ser classificado contabilmente como:

a. investimento permanente;

b. investimento temporário;

c. realizável a longo prazo;

d. ativo circulante;

e. ativo imobilizado.

Resposta: alternativa ___ .

14.8 O capital realizado é representado pela diferença entre o capital:

a. subscrito e o integralizado;

b. autorizado e o subscrito;

c. autorizado e o a integralizar;

d. autorizado e o integralizado;

e. subscrito e o a integralizar.

Resposta: alternativa ___ .

14.9 Assinale a alternativa correta:

a. os adiantamentos para aquisição de ativo imobilizado que serão recebidos no próximo exercício devem ser classificados como ativo circulante;

b. as contas a receber de empresas coligadas provenientes de operações não usuais da empresa devem ser classificadas no realizável a longo prazo mesmo que o vencimento ocorra no próximo exercício;

c. as reservas são classificadas de acordo com sua finalidade, independente de sua origem;

d. a depreciação acumulada por apresentar saldo credor deve ser classificada no patrimônio líquido;

e. a provisão para devedores duvidosos deve ser classificada como conta redutora do passivo circulante.

Resposta: alternativa ___ .

14.10 Uma empresa efetuou uma venda a vista para entrega futura. O lançamento a crédito dessa operação deve ser registrado como:

a. ativo circulante;

b. realizável a longo prazo;

c. passivo circulante ou exigível a longo prazo;

d. resultado de exercícios futuros;

e. receita do exercício.

Resposta: alternativa ___ .

CASO PRÁTICO

Cia. Xispeteó

A seguir, é apresentado um resumo das principais observações feitas pelo contador da Cia. Xispeteó em decorrência da análise dos saldos das contas do balancete de verificação em 31-12-X2.

1. Os depósitos judiciais referem-se a litígios que serão resolvidos a longo prazo.
2. Títulos a receber referem-se a empréstimos para empresa coligada.
3. As importações em andamento referem-se à aquisição de mercadorias.
4. As participações em empresas coligadas não se destinam à venda.
5. Outras participações, no montante de $ 100, decorrem de ações adquiridas em 12-10-X1 que a companhia pretende vender em 19X4.
6. Adiantamentos a diretores (não empregados) serão liquidados em 90 dias.
7. Títulos e valores mobiliários referem-se a Obrigações Reajustáveis do Tesouro Paulista e vencem em 30-9-X4. A empresa, todavia, pretende aliená-las a curto prazo.
8. A provisão para Imposto de Renda inclui $ 12 referentes a parcelamento que será pago após 31-12-X3.
9. A conta "Terrenos" inclui $ 60 referentes a um terreno que foi adquirido, prevendo-se uma futura expansão da sociedade.
10. As contas a pagar a empresas coligadas referem-se à compra de imobilizado e vencem no próximo exercício.
11. "Financiamentos" incluem $ 70 com vencimento no exercício seguinte e o restante após 31-12-X3.
12. Os empréstimos em moeda estrangeira vencem em 30-4-X4.

Classifique as contas anotando ao lado de cada uma a sigla do grupo a que pertence, como segue:

ACD	Ativo Circulante – Disponível
ACC	Ativo Circulante – Clientes
ACE	Ativo Circulante – Estoques
ACOV	Ativo Circulante – Outros Valores
ACDPA	Ativo Circulante – Despesas Pagas Antecipadamente
RLP	Realizável a Longo Prazo
APINV	Ativo Permanente – Investimentos
APIM	Ativo Permanente – Imobilizado
APD	Ativo Permanente – Diferido
PC	Passivo Circulante
ELP	Exigível a Longo Prazo
PL	Patrimônio Líquido
RO	Receita Operacional
ROB	Receita Operacional Bruta
DROB	Deduções da Receita Operacional Bruta
CMV	Custo das Mercadorias Vendidas
DOP	Despesas Operacionais
RNOP	Receitas não Operacionais
DNOP	Despesas não Operacionais
ADL	Apropriações de lucros

BALANÇO PATRIMONIAL

CIA. XISPETEÓ Balancete de verificação em 31-12-X2	Saldos Devedores $	
Bancos – conta movimento	85	ACD
Aplicações financeiras no mercado aberto	74	ACD
Estoques de mercadorias	220	ACE
Importações em andamento (3)	40	ACE
Duplicatas a receber	360	ACC
Títulos a receber (2)	70	RLP
Títulos e valores mobiliários (7)	60	ACD
Adiantamentos a diretores (6)	50	RLP
Participações em empresas coligadas (4)	200	APINV
Outras participações (5)	100	RLP
Depósitos judiciais (1)	40	RLP
Terrenos (9)	~~180~~ 120 / 60	APIM / APINV
Edifícios	60	APIM
Reavaliação de edifícios	90	APIM
Móveis e utensílios	50	APIM
Obras em andamento	30	APIM
Instalações	15	APIM
Despesas pré-operacionais	25	APD
Obras de arte	80	APINV
Seguros pagos antecipadamente	20	ACDPA
Ações em tesouraria	60	PL
Empréstimos compulsórios à Eletrobrás	100	APINV
Aluguel pago antecipadamente	40	ACDPA
Impostos sobre vendas	300	DROB
Custo das Mercadorias Vendidas (CMV)	1.020	CMV
Despesas de vendas	200	DOP
Despesas Administrativas	350	DOP
Despesas Financeiras	75	DOP
Despesas não operacionais	50	DNOP
Despesa com Contribuição Social	10	
Despesa de Imposto de Renda	30	
Participação dos empregados e diretores	20	
Total dos débitos	**4.104**	

CIA. XISPETEÓ
Balancete de verificação em 31-12-X2

Conta	Saldos Credores $	
Fornecedores	190	PC
Contas a pagar	38	PC
Salários e encargos	80	PC
Financiamentos (11)	~~280~~ 210	ELP
	70	PC
Contas a pagar a coligadas (10)	20	PC
Provisão para Imposto de Renda (8)	~~42~~ 30	PC
	12	ELP
Dividendos a pagar	30	PC
Adiantamentos para futuro aumento de capital	170	ELP
Duplicatas descontadas	25	(ACC) –
Provisão para devedores duvidosos	18	(ACC) –
Provisão para férias	40	PC
Provisão para juros	10	PC
Empréstimos em moeda estrangeira (12)	176	ELP
Capital	350	PL
Reserva legal	20	PL
Reserva estatutária	120	PL
Reserva de lucros a realizar	160	PL
Reserva de reavaliação	90	PL
Reserva de ágio na emissão de ações	90	PL
Depreciações acumuladas	30	(APIM) –
Amortizações acumuladas	5	(APIM)
Receita bruta de vendas	2.000	ROB
Receitas financeiras	50	DOP
Receitas não operacionais	40	RNOP
Receita de dividendos	20	RNOP
Lucro na venda de imobilizado	10	RNOP
Total de créditos	**4.104**	

CIA. XISPETEÓ Demonstração do Resultado do Exercício - DRE		$
Receita operacional bruta		2.000
Receita bruta de vendas		2.000
Impostos sobre vendas		300
Receita operacional líquida		1.700
Custo das mercadorias vendidas		1.020
Lucro bruto ou Resultado com vendas		680
Despesas operacionais		575
Comerciais	200	
Administrativas	350	
Financeiras	75	
Receitas financeiras	(50)	
Lucro operacional		105
Despesas não operacionais	50	
Receitas não operacionais	70	
Lucro antes do IR e CS		125
Despesa de IR e CS		40
Lucro antes das participações		85
Participações estatutárias		20
Lucro líquido do exercício		65

118 ELABORAÇÃO DAS DEMONSTRAÇÕES CONTÁBEIS

CIA. XISPETEÓ - BALANÇO PATRIMONIAL	
ATIVO	$
Circulante	
ACD BANCOS + APLICAÇÕES + (856)	219
ACC Dupl. à rec.	360
PDD	(25) -
	(18) -
ACE - ESTOQUES	220
IMP. RENDA	40
	60
Longo Prazo (160)	
TÍTULOS	70
Adiant. à diretores	50
Dep. Judicial	40
Permanente (540)	
APINV Part. Emp. Col.	200
	100
	60
	80
Emprest. Eletrobrás	100
Imobilizado (305)	
Terrenos	120
Edifícios	60
Reavaliação	90
Máq. e utensílios	50
Instalações	15
Depr. Acumulada	(30) -
Amort. Acumulada (55)	(5) -
Diferido	
APD	25
Obras and.	30
	895
Total do permanente	1.911

CIA. XISPETEÓ – BALANÇO PATRIMONIAL	
PASSIVO	$
Circulante	508
	190
	38
	80
	70
	20
	30
	30
	40
	10
	568
Longo Prazo	
	210
	12
	170
	176
Patrimônio Líquido	835
	350
	20
	120
	160
	40
	90
	(60)
	65
Total do patrimônio líquido	
Total do passivo	1911

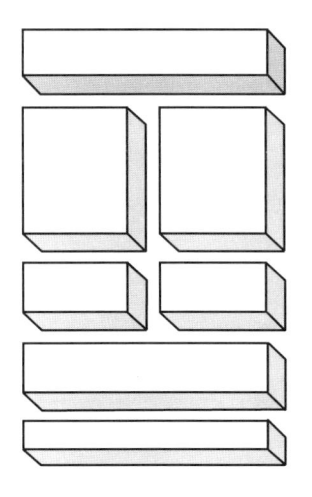

15
Demonstração das Mutações do Patrimônio Líquido (DMPL)

TESTES

15.1 Assinale a alternativa falsa:
a. reservas de lucros são parcelas destacadas do resultado líquido do exercício e podem ter diversas finalidades;
b. reservas de capital são acréscimos de patrimônio líquido oriundos de terceiros ou acionistas e não afetam o resultado do exercício;
c. reserva de reavaliação decorre da correção monetária do ativo imobilizado;
d. a constituição de reserva de reavaliação depende de aprovação de uma assembléia geral dos acionistas.

Resposta: alternativa ___ .

15.2 Assinale a alternativa verdadeira:
a. a reavaliação deve, sempre, estar suportada por laudo técnico de 3 (três) peritos ou de empresa especializada;
b. a reserva legal é obrigatória; logo, deve ser constituída, em cada exercício, independentemente da existência de lucro;
c. as reservas de capital devem, exclusivamente, ser utilizadas para aumento do capital social ou para compensação de prejuízo;
d. as reservas de reavaliação não podem ser utilizadas para aumento de capital.

Resposta: alternativa ___ .

15.3 As reservas de lucro que afetam (reduzem) o dividendo apurado segundo a Lei nº 6.404/76 são a legal,

a. estatutária e para contingência;
b. para contingência e de lucros a realizar;
c. estatutária e de lucros a realizar;
d. estatutária e de retenção de lucros.

Resposta: alternativa ___ .

15.4 Numa empresa sempre lucrativa, a constituição da reserva:

a. legal é obrigatória;
b. para contingência é proibida;
c. estatutária é opcional;
d. de lucros a realizar é facultativa desde que haja recursos financeiros para pagamento de dividendos.

Resposta: alternativa ___ .

15.5 O objetivo da constituição da reserva de lucros a realizar é evitar:

a. a distribuição de lucros realizados contabilmente, mas não realizados financeiramente;
b. o pagamento de Imposto de Renda e contribuição social sobre lucros não realizados financeiramente;
c. a distribuição de lucros não realizados contabilmente, mas realizados financeiramente;
d. a distribuição de lucros realizados fiscalmente, mas não realizados contabilmente.

Resposta: alternativa ___ .

EXERCÍCIO

A partir das contas apresentadas abaixo com saldos em 31-12-X0 e as informações suplementares, elabore a DMPL para o exercício de X1:

Contas	$
Adiantamentos para futuro aumento de capital	20.000
Capital	150.000
Capital a realizar	(10.000)
Reserva de ágio na subscrição	25.000
Reserva de doações	5.000
Reserva legal	10.000
Reserva para contingências	5.000
Lucros acumulados	40.000

Informações complementares:

1. Em 31-3-X1, o capital a realizar foi totalmente integralizado.
2. Em 30-6-X1, ocorreu aumento de capital, sendo:

$ 20.000	com adiantamento para aumento de capital já existente.
$ 25.000	com reserva de ágio na subscrição.
$ 5.000	com reserva de doações.
$ 25.000	com lucros acumulados.
$ 45.000	em dinheiro.

3. Em 31-7-X1, ocorreu distribuição de dividendos provenientes de Lucros Acumulados no valor de $ 5.000.
4. Em 31-12-X1, ocorreu reversão da Reserva para contingências, não utilizada no período.
5. Em 31-12-X1, foi apurado Lucro líquido do período de $ 80.000, sendo dada a seguinte destinação:

    5.1 Reserva legal – 5 % do lucro líquido;

    5.2 Reservas estatutárias – 15% do lucro líquido;

    5.3 Reserva para contingência – $ 8.000;

    5.4 Dividendo mínimo obrigatório de ações preferenciais (50% do lucro líquido ajustado conforme Lei nº 6.404).

Demonstração das Mutações do Patrimônio Líquido

Histórico	Capital Social		Reservas de Capital		Reservas de Lucros				Lucros Acumulados	Total
	Subscrito	A realizar	Ágio na subscrição	Doações	Legal	Estatutária	Contin-gências			
SALDO INICIAL										
Integralização do capital										
Aumento de capital										
Distribuição de dividendos										
Reversão da reserva										
Lucro líquido de 19X1										
Destinação do lucro										
Constituição das reservas										
Dividendo obrigatório										
SALDO FINAL										

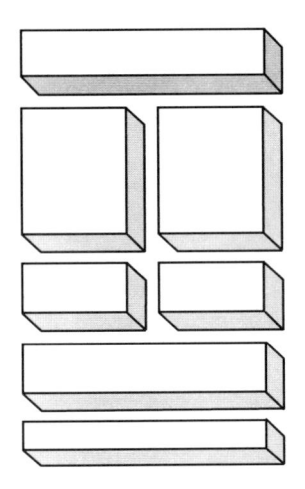

16
Demonstração das Origens e Aplicações de Recursos

TESTES

16.1 Quais os principais objetivos da demonstração das origens e aplicações de recursos?

a. resumir as atividades financeiras e de investimento de uma sociedade, incluindo a extensão em que a sociedade gerou e os aplicou, por meio de suas operações durante um determinado período;
b. informar a posição patrimonial e o resultado das operações durante o período;
c. demonstrar a variação das disponibilidades no período;
d. substituir a Demonstração de Resultados Acumulados.

Resposta: alternativa ___ .

16.2 Contabilmente, o capital circulante líquido pode ser representado pela diferença entre:

a. capital próprio e capital de terceiros;
b. patrimônio líquido e ativo permanente;
c. ativo circulante e passivo circulante;
d. ativo realizável e passivo exigível.

Resposta: alternativa ___ .

16.3 Qual das operações a seguir afetam o capital circulante líquido?

a. obtenção de empréstimo bancário a curto prazo;
b. compra a vista de mercadorias;

c. compra de imobilizado financiado a longo prazo;
d. integralização de capital.

Resposta: alternativa ___ .

16.4 Qual alternativa contém lançamento contábil que não afeta o capital circulante líquido?
   a. débito no ativo circulante e crédito no ativo não circulante;
   b. crédito no ativo circulante e débito no passivo não circulante;
   c. débito no passivo circulante e crédito no ativo não circulante;
   d. crédito no passivo circulante e débito no ativo circulante.

Resposta: alternativa ___ .

16.5 As origens de recursos são provenientes das operações:
   a. sociais e não operacionais;
   b. operacionais e não operacionais;
   c. sociais, dos acionistas e de terceiros;
   d. operacionais e dos acionistas.

Resposta: alternativa ___ .

16.6 A fim de determinar o montante dos recursos gerados pelas transações de receitas e despesas, o lucro líquido do exercício deverá ser ajustado por:
   a. depreciação, amortização, exaustão e resultado na venda de imobilizado;
   b. depreciação, amortização, exaustão, equivalência patrimonial e valor residual do imobilizado baixado;
   c. equivalência patrimonial, resultado na venda de imobilizado e despesas de variação cambial;
   d. variação monetária ativa, depreciação e receitas não operacionais.

Resposta: alternativa ___ .

16.7 A depreciação na DOAR é:
   a. um ajuste por adição ao lucro líquido do período;
   b. um ajuste por subtração ao lucro líquido do período;
   c. uma origem de recursos;
   d. despesa não dedutível.

Resposta: alternativa ___ .

16.8 Dividendos provisionados na data do Balanço Patrimonial para serem distribuídos no exercício seguinte:
   a. são considerados no momento da provisão como origem de recursos;
   b. são considerados no momento da provisão como aplicação de recursos;
   c. só serão considerados como aplicação de recursos quando efetivamente distribuídos no exercício seguinte;
   d. só serão considerados como origem de recursos quando efetivamente distribuídos no exercício seguinte.

Resposta: alternativa ___ .

16.9 É considerada aplicação de recursos:
   a. obtenção de empréstimo bancário a longo prazo;
   b. aumento de capital em dinheiro;
   c. aquisição de ativo imobilizado;
   d. alienação ou venda de ativo imobilizado.

Resposta: alternativa ___ .

16.10 Pode se dizer com relação às aplicações de recursos que:
   a. elas são negativas e prejudicam a empresa;
   b. elas são positivas e ajudam a empresa;
   c. elas não interferem na atividade operacional da empresa;
   d. embora necessárias, reduzem a liquidez da empresa a curto prazo.

Resposta: alternativa ___ .

CASO PRÁTICO

DOAR

Utilizando as demonstrações contábeis e informações sobre as operações da Cia. Fluxodoar apresentadas a seguir, elabore a Demonstração das Origens e Aplicações de Recursos para o período encerrado em 31-12-X1.

CIA. FLUXODOAR	X0	X1	DIFERENÇA
BALANÇO PATRIMONIAL			X1 – X0
ATIVO			
Caixa e bancos	1.200	2.200	
Clientes	12.960	14.510	
Provisão para devedores duvidosos	(380)	(560)	
Estoques	5.350	4.280	
Outras contas	1.950	2.650	
Despesas antecipadas	320	450	
Total do circulante	**21.400**	**23.530**	
Total do longo prazo	**4.380**	**3.220**	
Investimentos	3.980	7.340	
Imobilizado	15.670	18.490	
Diferido	460	1.850	
Total do permanente	**20.110**	**27.680**	
Total do ativo	**45.890**	**54.430**	
Passivo			
Fornecedores	9.800	11.650	
Financiamentos	4.320	3.800	
Provisões diversas	2.650	1.980	
Dividendos propostos		1.200	
Total do circulante	**16.770**	**18.630**	
Total do longo prazo	**3.640**	**2.980**	
Capital	22.000	27.150	
Reservas	2.200	4.400	
Lucros acumulados	1.280	1.270	
Total patrimônio líquido	**25.480**	**32.820**	
Total do passivo	**45.890**	**54.430**	
CCL Capital Circulante Líquido	**4.630**	**4.900**	

CIA. FLUXODOAR	
RESULTADO	**X1**
Receita operacional bruta	**322.000**
Deduções das vendas	(93.000)
Receita operacional líquida	**229.000**
Custo das vendas	(173.000)
Lucro bruto	**56.000**
Despesas operacionais	
Comerciais	(22.540)
Com devedores duvidosos	(180)
Administrativas	(25.760)
Financeiras (líquidas)	(7.020)
Equivalência patrimonial	1.800
Lucro operacional	**2.300**
Receita da venda de imobilizado	1.000
Custo do imobilizado vendido	(1.280)
Baixa de investimentos	(320)
Provisão para perdas em investimentos	(240)
Resultado não operacional	**(840)**
Lucro antes do IR e CS	**1.460**
Imposto de Renda	(270)
Lucro líquido	**1.190**

CIA. FLUXODOAR	
DEMONSTRAÇÃO DAS ORIGENS E APLICAÇÕES DE RECURSOS – DOAR	X1
Origens	
Das atividades operacionais	
Lucro líquido do exercício	
Despesas (Receitas) que não afetaram o CCL	
Lucro líquido ajustado	
Dos acionistas	
De terceiros	
Total das origens	

CIA. FLUXODOAR	
DEMONSTRAÇÃO DAS ORIGENS E APLICAÇÕES DE RECURSOS – DOAR	X1
Aplicações	
No Realizável a longo prazo	
No Permanente	
Total das aplicações	
Variação no CCL	
Ativo circulante inicial	
Passivo circulante inicial	
CCL inicial	
Ativo circulante final	
Passivo circulante final	
CCL final	
Variação no CCL	

Resumo da Movimentação do Ativo não Circulante

Operações do período	Realizável a Longo Prazo	Investimentos	Imobilizado	Diferido	Ativo Permanente
Saldo inicial	**4.380**	**3.980**	**15.670**	**460**	**20.110**
Novos empréstimos a coligadas	200				–
Transferências p/AC	(2.150)				–
Empréstimos compulsórios	80				–
Empréstimos à Eletrobrás	110				–
Investimentos em coligadas		2.120			2.120
Aquisição de imobilizado			3.700		3.700
Juros ativos s/ empréstimos – RLP	280				–
Juros ativos s/ Eletrobrás – RLP	320				–
Adições ao diferido				1.710	1.710
Depreciação			(3.800)		(3.800)
Amortização				(320)	(320)
Baixa de imobilizado			(1.280)		(1.280)
Baixa de investimento		(320)			(320)
Provisão para perda em investimento		(240)			(240)
Equivalência patrimonial		1.800			1.800
Aumento de capital com imobilizado			2.000		2.000
Reserva de reavaliação			2.200		2.200
Saldo final	**3.220**	**7.340**	**18.490**	**1.850**	**27.680**

Resumo da Movimentação do Passivo não Circulante

Operações do período	Exigível a Longo Prazo	Capital	Reservas	Lucros acumulados	Patrimônio Líquido
Saldo inicial	3.640	22.000	2.200	1.280	29.120
Emissão de debêntures	1.200				–
Novos empréstimos LP	2.200				–
Transferências p/PC	(3.090)				–
Integralização de capital		1.300			1.300
Dividendos propostos				(1.200)	(1.200)
Conversão de dívidas em capital	(1.850)	1.850			1.850
LLE				1.190	1.190
Juros passivos s/empréstimos – ELP	880				–
Aumento de capital com imobilizado		2.000			2.000
Reserva de reavaliação			2.200		2.200
Saldo final	2.980	27.150	4.400	1.270	32.820

Quadro Auxiliar para Identificação das Operações que Afetaram o CCL

Operações do período	LLE	ELP	PL	TOTAL	RLP	AP	CCL	TOTAL
Saldo inicial		**3.640**	**25.480**	**29.120**	**4.380**	**20.110**	**4.630**	**29.120**
Novos empréstimos a coligadas					200		(200)	–
Transferências p/AC					(2.150)		2.150	–
Empréstimos compulsórios					80		(80)	–
Empréstimos à Eletrobrás					110		(110)	–
Investimentos em coligadas						2.120	(2.120)	–
Aquisição de imobilizado						3.700	(3.700)	–
Adições ao diferido						1.710	(1.710)	–
Emissão de debêntures		1.200		1.200			1.200	1.200
Novos empréstimos LP		2.200		2.200			2.200	2.200
Transferências p/PC		(3.090)		(3.090)			(3.090)	(3.090)
Integralização de capital			1.300	1.300			1.300	1.300
Dividendos propostos			(1.200)	(1.200)			(1.200)	(1.200)
Conversão de dívidas em capital		(1.850)	1.850	–				
Subtotal	–	**2.100**	**27.430**	**29.530**	**2.620**	**27.640**	**(730)**	**29.530**

Quadro Auxiliar para Identificação das Operações que Afetaram o CCL

Operações do período	LLE	ELP	PL	TOTAL	RLP	AP	CCL	TOTAL
Subtotal								
LLE								
Juros ativos s/empréstimos – RLP								
Juros ativos s/Eletrobrás – RLP								
Juros passivos s/empréstimos – ELP								
Depreciação								
Amortização								
Baixa de imobilizado								
Baixa de investimento								
Provisão para perda em investimento								
Equivalência patrimonial								
Subtotal = LLE ajustado								
Lucro líquido que afetou o CCL								
Operações entre não circulantes								
Aumento de capital com imobilizado								
Reserva de reavaliação								
Saldo final	–	2.980	32.820	35.800	3.220	27.680	4.900	35.800

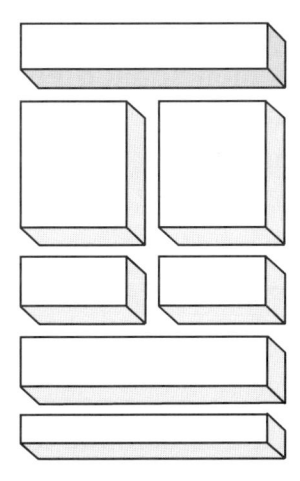

17
Notas Explicativas

TESTES

17.1 Em 1º-1-20X2 a divisão de explosivos de uma empresa teve suas instalações seriamente danificadas em decorrência de um incêndio. Você é o contador da empresa e vai assinar as demonstrações contábeis do exercício findo em 31-12-20X1 que serão objeto de publicação. Sabendo-se que a divisão representa 20% do ativo, esse fato deverá gerar:

    a. constituição de provisão no balanço de 31-12-20X1;

    b. constituição de reserva no balanço de 31-12-20X1;

    c. nota de eventos subseqüentes com estimativa dos efeitos do sinistro nas operações dos próximos exercícios;

    d. ajuste nos lucros acumulados em 31-12-20X1.

Resposta: alternativa ___ .

17.2 Qual fato deve ser necessariamente mencionado em nota explicativa às demonstrações contábeis?

    a. compra ou venda de um imóvel;

    b. percentagem de participação no capital de outras empresas;

    c. garantias prestadas a terceiros;

    d. composição do ativo imobilizado.

Resposta: alternativa ___ .

17.3 Qual fato não deve ser necessariamente mencionado em nota explicativa às demonstrações contábeis?

a. critérios de avaliação dos elementos patrimoniais;

b. composição do ativo permanente;

c. efeitos relevantes da modificação de critérios ou métodos contábeis;

d. a composição do capital social (número, espécie e classes das ações).

Resposta: alternativa ___ .

17.4 A CVM não estabelece em suas instruções a necessidade de mencionar em notas explicativas:

a. remuneração dos administradores;

b. reavaliação dos ativos;

c. detalhamento de reservas;

d. remuneração de empregados.

Resposta: alternativa ___ .

17.5 A evidenciação em notas explicativas das reservas de lucros a realizar deve-se:

a. ao seu efeito no cálculo do dividendo obrigatório;

b. ao fato de ser uma reserva de capital;

c. ao fato de sua interferência na DOAR;

d. ao seu efeito sobre o realizável a longo prazo.

Resposta: alternativa ___ .

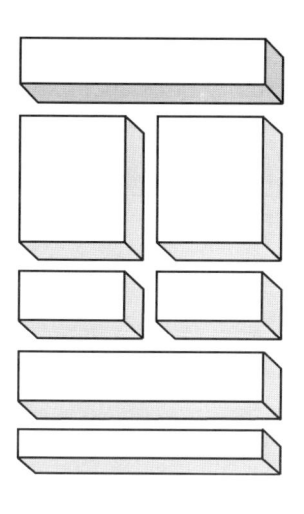

18 Conselho Fiscal, Auditoria Independente e Relatório da Administração

TESTES

18.1 Identifique a alternativa que não é atribuição do conselho fiscal:

a. contratar auditoria independente;

b. fiscalizar os atos dos administradores e verificar o cumprimento de seus deveres legais e estatutários;

c. opinar sobre o relatório anual da administração, fazendo constar de seu parecer as informações complementares que julgar necessárias ou úteis à deliberação da assembléia geral;

d. opinar sobre as propostas dos órgãos da administração a serem submetidas à assembléia geral, relativas à modificação do capital social, emissão de debêntures ou bônus de subscrição, planos de investimento ou orçamentos de capital, distribuição de dividendos, transformação, incorporação, fusão ou cisão.

Resposta: alternativa ___ .

18.2 Identifique a alternativa que não é atribuição do conselho fiscal:

a. denunciar aos órgãos de administração e, se estes não tomarem as providências necessárias para a proteção dos interesses da companhia, à assembléia geral os erros, fraudes ou crimes que descobrirem e sugerir providências úteis à companhia;

b. convocar a assembléia geral ordinária, se os órgãos da administração retardarem por mais de 1 (um) mês essa convocação, e a extraordinária, sempre que ocorrerem motivos graves ou urgentes, incluindo na agenda das assembléias as matérias que considerar necessárias;

c. analisar mensalmente o balancete e demais demonstrações financeiras elaboradas periodicamente pela companhia;

d. examinar as demonstrações financeiras do exercício social e sobre elas opinar.

Resposta: alternativa ___ .

18.3 A responsabilidade dos membros do conselho fiscal por omissão no cumprimento de seus deveres:

a. é solidária, sendo que nenhum dos membros pode eximir-se;

b. é solidária, mas dela se exime o membro dissidente que consignar sua divergência em ata;

c. não é solidária, é pessoal;

d. deve ser julgada pelo fisco.

Resposta: alternativa ___ .

18.4 Os membros do conselho fiscal:

a. assistirão às reuniões dos auditores independentes;

b. poderão outorgar suas funções a outros órgãos da companhia;

c. assistirão às reuniões do conselho de administração, quando o assunto for pertinente;

d. no caso de liquidação da companhia, eximem-se de seus deveres e responsabilidades.

Resposta: alternativa ___ .

18.5 O parecer do conselho fiscal:

a. não pode considerar o parecer dos auditores independentes;

b. poderá ser apresentado e lido na assembléia geral, independente de publicação;

c. será obrigatoriamente publicado em três jornais de grande circulação;

d. não pode trazer ressalvas às demonstrações contábeis.

Resposta: alternativa ___ .

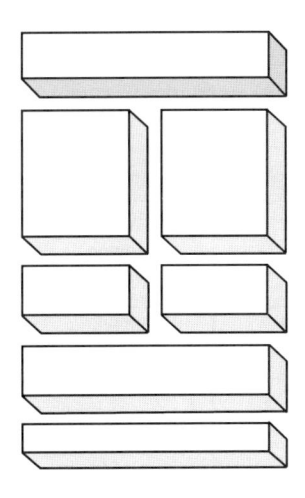

19
Análise de Demonstrações Contábeis

TESTES

19.1 O Patrimônio das empresas é composto de bens, direitos, obrigações e patrimônio líquido classificados contabilmente como Ativos e Passivos. Para determinação dos valores contábeis que serão apresentados no Balanço Patrimonial, esses componentes serão avaliados ativos pelos valores de:

a. mercado e passivos pelos valores atuais das obrigações;
b. entrada e passivos pelos valores de saída;
c. entrada ou de saída, dos dois o maior, e passivos pelos valores máximos devidos;
d. entrada ou de mercado, dos dois o menor, e passivos pelos valores máximos devidos;
e. saída e passivos pelos valores de entrada ou devidos, dos dois o maior.

Resposta: alternativa ___ .

Considerando as demonstrações contábeis de uma empresa comercial apresentadas a seguir, responda às questões de números 19.2 a 19.5.

BALANÇO PATRIMONIAL		
ATIVO	X2	X1
Circulante		
Disponibilidades	1.000	800
Duplicatas a receber	12.000	10.500
Estoques	25.000	18.000
Outras contas a receber	2.300	1.200
	40.300	30.500
Realizável a longo prazo	3.800	2.200
Permanente		
Investimentos	6.400	4.800
Imobilizado	56.100	60.700
Diferido	800	1.300
	63.300	66.800
Total	107.400	99.500

BALANÇO PATRIMONIAL		
PASSIVO	X2	X1
Circulante		
Fornecedores	8.400	6.800
Instituições financeiras	4.200	3.600
Impostos e contribuições	5.800	4.200
Contas a pagar	1.700	1.100
	20.100	15.700
Exigível a longo prazo	16.800	15.200
Patrimônio líquido		
Capital	50.000	50.000
Reservas	4.300	3.800
Lucros acumulados	16.200	14.800
	70.500	68.600
Total	107.400	99.500

RESULTADO	X2	X1
Receita bruta de vendas	380.000	290.000
Deduções das vendas	(45.000)	(32.000)
Receita líquida de vendas	335.000	258.000
Custo das vendas	(230.000)	(185.000)
Lucro bruto	105.000	73.000
Despesas operacionais	(83.000)	(58.000)
Lucro operacional	22.000	15.000
Resultado não operacional	2.200	(1.100)
Lucro antes do Imposto de Renda	24.200	13.900
Imposto de Renda	(7.300)	(4.200)
Lucro líquido do exercício	16.900	9.700

19.2 O índice de liquidez seca em X2 e X1 foi respectivamente de:
   a. 2,00 e 1,94;
   b. 2,00 e 1,48;
   c. 1,20 e 1,06;
   d. 0,76 e 0,80;
   e. 0,76 e 0,75.

Resposta: alternativa ___ .

19.3 De X1 para X2, o índice de liquidez geral evoluiu em:
   a. 13,2%;
   b. 12,9%;
   c. 9,4%;
   d. 7,2%;
   e. 3,5%.

Resposta: alternativa ___ .

19.4 Em X2, considerando que o período abrangido é de 12 meses ou 365 dias e que todas as vendas foram a prazo, o prazo médio de cobrança foi de:
   a. 12,33 dias;
   b. 11,45 dias;
   c. 10,81 dias;
   d. 9,34 dias;
   e. 8,36 dias.

Resposta: alternativa ___ .

19.5 Considerando as vendas líquidas no cálculo da margem e as vendas brutas no cálculo do giro, o retorno sobre o investimento em X2 foi de:

   a. 18,53%;
   b. 15,48%;
   c. 12,34%;
   d. 11,56%;
   e. 9,75%.

Resposta: alternativa ___ .

19.6 O endividamento a longo prazo de X1 para X2:

   a. diminuiu em 3,35%;
   b. aumentou em 3,3%;
   c. permaneceu inalterado;
   d. aumentou em 16,67%;
   e. aumentou em 10,52%.

Resposta: alternativa ___ .

19.7 O índice de liquidez corrente de X1 para X2 evoluiu em:

   a. 103%;
   b. 2,94%;
   c. 3,20%;
   d. 0,29%;
   e. 10,3%.

Resposta: alternativa ___ .

19.8 O índice de imobilização do capital próprio (ICP) de X1 para X2:

   a. diminuiu de 97,37% para 89,79%;
   b. aumentou em 8,44%;
   c. aumentou em 7,58%;
   d. manteve-se estável;
   e. diminuiu em $ 3.500.

Resposta: alternativa ___ .

19.9 A margem operacional do período de X2 foi de:
- a. 5,79%;
- b. 31,34%;
- c. 5,04%;
- d. 7,22%;
- e. 6,56%.

Resposta: alternativa ___ .

19.10 A rentabilidade do patrimônio líquido no período de X2 foi de:
- a. 28,00%;
- b. 24,30%;
- c. 26,20%;
- d. 25,63%;
- e. 30,43%.

Resposta: alternativa ___ .

CASO PRÁTICO

CIA. ANALIZABETE

Dadas as demonstrações a seguir, Balanço Patrimonial e Demonstração de Resultados dos Exercícios XA, XB, XC e XD, respectivamente, pede-se elaborar a análise destes relatórios, preenchendo os quadros subseqüentes.

CIA. ANALIZABETE BALANÇO PATRIMONIAL				
Ativo	XA	XB	XC	XD
Circulante				
Caixa e bancos	5.700	12.100	14.400	6.160
Aplicação no mercado aberto	2.100	6.200	28.973	11.618
Duplicatas a receber	13.000	49.310	54.897	77.800
Estoques	14.300	46.350	51.840	114.576
Outras contas a receber	100	340	450	630
Despesas pagas antecipadamente	400	1.500	2.000	2.800
Total do Ativo Circulante = AC	35.600	115.800	152.560	213.584
Realizável a longo prazo				
Empréstimos à controlada	7.300	23.700	31.322	43.800
Títulos mobiliários	600	2.020	2.550	3.620
Total do RLP	7.900	25.720	33.872	47.420
Ativo Realizável = AR = AC + RLP	43.500	141.520	186.432	261.004
Permanente				
Investimentos	8.600	27.600	36.627	47.852
Empresa controlada	1.600	5.560	7.045	8.454
	10.200	33.160	43.672	56.306
Imobilizado	15.170	45.390	119.759	143.711
Total do Ativo Permanente = AP	25.370	78.550	163.431	200.017
Total do Ativo = AT	68.870	220.070	349.070	461.021
Ativo Total Médio = ATM	68.870	144.470	284.570	405.045,50

CIA. ANALIZABETE	BALANÇO PATRIMONIAL			
Passivo	XA	XB	XC	XD
Circulante				
Duplicatas a pagar	6.059	9.800	13.630	13.694
Empréstimos em moeda estrangeira	8.084	37.570	44.600	58.500
Empréstimos em moeda nacional	14.581	30.000	62.409	87.400
Contas a pagar	1.984	5.650	11.797	18.077
Impostos a pagar	700	2.200	8.000	14.200
Imposto de Renda a pagar	3.800	9.200	8.239	13.800
Dividendos a pagar	860	4.000	3.671	6.670
Total do Passivo Circulante = PC	36.068	98.420	152.346	212.341
Exigível a longo prazo				
Empréstimos em moeda nacional	1.000	14.300	3.000	4.000
Empréstimos em moeda estrangeira	2.950	11.100	2.725	3.800
Imposto de renda diferido e outros	2.100	6.250	9.000	7.500
Total do ELP	6.050	31.650	14.725	15.300
Passivo Exigível = PE = PC + ELP	42.118	130.070	167.071	227.641
Patrimônio Líquido				
Capital	16.300	21.910	70.000	70.000
Reservas de capital	6.600	48.090	28.635	48.362
Reservas de reavaliação			50.000	60.000
Reservas de lucros	1.310	4.000	5.636	8.097
Lucros acumulados	2.542	16.000	28.521	46.921
Total do Patrimônio Líquido = PL	26.752	90.000	182.792	233.380
Total do Passivo = PT	68.870	220.070	349.863	461.021
Patrimônio Líquido Médio = PLM	26.752	58.376	136.396	208.086
Capital de Giro (PL – AP)	1.382	11.450	19.361	33.363
Capital Circulante Líquido (AC – PC)	–468	17.380	214	1.243

CIA. ANALIZABETE				
Demonstração do Resultado	XA	XB	XC	XD
Vendas brutas = VB	101.000	294.700	275.500	480.200
Dedução – descontos e impostos	(22.000)	(56.000)	(55.000)	(115.000)
Vendas líquidas = VL	79.000	238.700	220.500	365.200
Custos dos produtos vendidos = CPV	(34.000)	(118.000)	(132.200)	(212.328)
Lucro bruto = LB	45.000	120.700	88.300	152.872
Despesas (receitas) operacionais				
Com vendas	(10.500)	(18.000)	(21.400)	(30.000)
Administrativas	(16.400)	(27.000)	(33.250)	(54.500)
Despesas financeiras	(13.700)	(55.700)	(19.316)	(38.300)
Receitas financeiras	2.800	9.300	3.850	4.200
Equivalência patrimonial	500	(5.000)	1.600	3.900
	(37.300)	(96.400)	(68.516)	(114.700)
Lucro operacional = LO	7.700	24.300	19.784	38.172
Resultados não operacionais	(4.300)	(5.200)	(6.084)	(3.872)
Lucro antes do Imposto de Renda	3.400	19.100	13.700	34.300
Imposto de Renda	–	(8.500)	(7.724)	(13.600)
Lucro líquido do exercício = LLE	3.400	10.600	5.976	20.700
Quantidade de empregados	580	630	450	390
Quant. média de empregados = QME	580	605	540	420

COMPOSIÇÃO DOS ESTOQUES	XA	XB	XC	XD
Matéria-prima				
Estoque inicial	1.000	4.200	14.050	18.400
Compras	27.200	96.970	84.354	161.582
Requisições	(24.000)	(87.120)	(80.004)	(170.222)
Estoque final	4.200	14.050	18.400	9.760
Produtos em processo				
Estoque inicial	1.600	5.000	15.100	9.900
Custos de produção				
Mão-de-obra + CIF (40%)	16.000	53.080	53.336	113.482
Matéria-prima (60%)	24.000	87.120	80.004	170.222
Transferências	(36.600)	(130.100)	(138.540)	(255.744)
Estoque final	5.000	15.100	9.900	37.860
Produto acabado				
Estoque inicial	2.500	5.100	17.200	23.540
Transferências	36.600	130.100	138.540	255.744
Baixas (CPV)	(34.000)	(118.000)	(132.200)	(212.328)
Estoque final	5.100	17.200	23.540	66.956
Estoque médio = EM	5100	11150	20370	45248

CIA. ANALIZABETE	XA	XB	XC	XD
Duplicatas a receber média = DRM	13000	31155	52103,50	66348,50
Duplicatas a pagar média = DPM	6059	7.929,50	11715	13662

Calcule e comente:

117%

Índices de liquidez	XA	XB	XC	XD
Corrente (AC/PC) 98%	0,98	1,17	1,00	1,00
Geral (AR/PE)	1,03	1,08	1,11	1,14
Imediata (ACD/PC)	0,22	0,18	0,28	0,08
Seca (AC − ACE − ACDPA)/PC	0,58	0,69	0,65	0,45

Índices de endividamento	XA	XB	XC	XD
Participação % do CP* s/PE (PC/PE)	85,6	75,66	91,20	93,27
Participação % do PE s/p (PE/PT)	61,15	59,10	47,75	49,37
Relação % do PE p/o PL (PE/PL)	157,43	144,52	91,39	97,54
Índice % de capitalização (PL/PT)	38,84	40,89	52,24	50,62

Índices de atividade	XA	XB	XC	XD
Prazo médio de cobrança em dias				
360 X DRM/VB				
Prazo médio de pagamento em dias				
360 X DPM/Compras				
Rotação dos estoques em dias				
360 X EM/CPV				
Giro do Ativo				
VB/ATM				

Índices de rentabilidade	XA	XB	XC	XD
Lucratividade % das vendas (LLE/VL)	4,30	4,44	2,71	5,66
Retorno % s/ativo (LLE/AT)	4,93	4,81	1,71	4,49
Retorno % s/PL (LLE/PLM)	12,70	18,15	4,38	9,94
Vendas em $ por empregado (VL/QME)	136,20	394,54	408,33	869,52
Lucro em $ por empregado (LLE/QME)	5,86	17,52	11,06	49,28

* CP → Curto prazo

Fazer o cálculo do termo/metro de KANITZ.

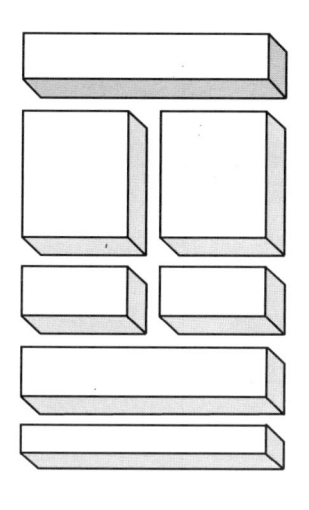

20
Projeção das Demonstrações Contábeis

CASO PRÁTICO

Cia. Simplicity II

Com base nas demonstrações contábeis a seguir, respectivamente Balanço Patrimonial de 20XB e 20XA e a Demonstração dos Resultados do Exercício de 20XB e 20XA e as informações complementares, elabore as demonstrações projetadas para o ano 20XC nos quadros específicos.

BALANÇO PATRIMONIAL EM 31-12-XB e XA

ATIVO	XB	XA
Ativo Circulante		
Caixa e bancos	301.502	10.000
Duplicatas a receber	150.000	120.000
Estoques	250.000	200.000
Outras contas a receber	0	25.000
Total do Ativo Circulante	**701.502**	**355.000**
Realizável a Longo Prazo	**45.000**	**45.000**
Ativo Permanente		
Investimentos	**50.000**	**50.000**
Imobilizado	500.000	500.000
(−) Depreciação acumulada	(100.000)	(50.000)
= Imobilizado líquido	**400.000**	**450.000**
Diferido	125.000	125.000
(−) Amortização acumulada	(50.000)	(25.000)
= Diferido líquido	**75.000**	**100.000**
= Total do permanente	**525.000**	**600.000**
Total do Ativo	**1.271.502**	**1.000.000**

PASSIVO	XB	XA
Passivo Circulante		
Duplicatas a pagar	80.952	80.000
Impostos a pagar	85.700	50.000
Salários e encargos a pagar	42.000	40.000
Financiamentos a pagar	0	60.000
Outras contas a pagar	15.750	15.000
Total do Passivo Circulante	224.402	245.000
Exigível a Longo Prazo	210.000	175.000
Patrimônio Líquido		
Capital	430.000	430.000
Lucros acumulados XA + XB	407.100	150.000
= Total Patrimônio Líquido	837.100	480.000
Total do Passivo	1.271.502	1.000.000

DEMONSTRAÇÃO DO RESULTADO DO EXERCÍCIO
XB comparado com XA

	XB	XA
Vendas	1.800.000	1.440.000
(–) Custo mercadoria vendida	(800.000)	(640.000)
= Lucro bruto	**1.000.000**	**800.000**
(–) Despesas com vendas	(252.000)	(240.000)
(–) Despesas administrativas	(277.200)	(264.000)
(–) Despesas financeiras	(53.000)	(21.000)
(–) Depreciação do imobilizado e amortização do diferido	(75.000)	(75.000)
= Lucro operacional	**342.800**	**200.000**
(–) Provisão para Imposto de Renda e contribuição social	(85.700)	(50.000)
= Lucro líquido final esperado	**257.100**	**150.000**

Informações complementares:

1. Os relatórios fornecidos correspondem ao primeiro (XA) e segundo (XB) exercícios sociais encerrados pela companhia – portanto, o exercício a ser projetado será denominado XC.

2. As vendas e compras são a prazo e, assim como as despesas operacionais com vendas e administrativas estão uniformemente distribuídas no período, inexistindo, portanto, sazonalidade, espera-se um crescimento de vendas de 20%, acompanhadas das despesas com vendas e administrativas.

3. Não incluímos no caso as despesas e receitas não operacionais e os impostos incidentes sobre a receita bruta, tais como ICMS e o IPI.
4. Presumiu-se que as despesas com a provisão para Imposto de Renda e contribuição social sejam de 25% sobre o lucro antes dessas despesas, na demonstração do resultado de XA e XB, 25% do lucro operacional, $ 200.000 e $ 342.800 respectivamente.
5. O Exigível a longo prazo é composto de empréstimos de instituições financeiras com vencimento em cinco anos e com carência de um ano e taxa de 20% ao ano, sendo o valor do principal mais juros em 31-12-XB de $ 210.000.
6. O Realizável a longo prazo é composto de aplicações em valores realizáveis em prazo superior a cinco anos, decorrentes de incentivos fiscais.
7. A depreciação anual do imobilizado é de 10% e a amortização do diferido de 20% respectivamente.

Solução – Projeção para o período XC:

I – Projeção do lucro esperado para XC, pressupondo-se a taxa de inflação inexpressiva para o período:

I.1 Projeção das vendas

A empresa faturou em XB, conforme a DRE, o valor de $ 1.800.000; espera-se que em XB haja um crescimento de volume de 20% no faturamento desde que as condições de mercado permaneçam as mesmas.

Demonstrativo do cálculo do faturamento esperado para XC:

	QUADRO 1	$
1.	Faturamento do período XB	1.800.000
2.	Índice multiplicador com a expectativa de acréscimo de 20%	
3.	(1X2) = Faturamento esperado para XC	

I.2 Projeção do Custo da mercadoria vendida

I.2.1 Cálculo do EF de XC

	QUADRO 2	$
1.	Estoque inicial do período XC = estoque final de XB	250.000
2.	Índice multiplicador com a expectativa de acréscimo de 20%	
3.	(1X2) = Estoque final esperado para XC	

I.2.2 Quadro demonstrativo do Custo da mercadoria vendida estimada para XC com base na Margem bruta da DRE do período XB

QUADRO 3	$
1. Custo da mercadoria vendida de XB – DRE de XB	800.000
2. Vendas do período XB	1.800.000
3. Participação percentual do CMV nas vendas de XB – (1:2)	
4. Vendas estimadas para XC	
5. CMV estimado na mesma proporção 44,44% = (3 X 4)	

I.2.3 Compras esperadas para XC

QUADRO 4	$
1. CMV estimado para o período XC	
2. Estoque final em 31-12-XC	300.000
3. CMV + EF = (1 + 2)	
4. Estoque inicial do período XB	250.000
5. Compras esperadas para o período XC = (3 – 4)	

I.3 Resultado comercial esperado com vendas, lucro bruto projetado para XC

QUADRO 5	$
I.3.1 Vendas esperadas	
I.3.2 (–) CMV	
I.3.3 = Lucro Bruto	

I.4 Projeção das despesas operacionais

I.4.1 Despesas esperadas com vendas

QUADRO 6	$
Despesas com vendas em XB	252.000
Índice multiplicador com expectativa de 20% de crescimento	
Despesas com vendas esperadas para XC	

I.4.2 Despesas administrativas esperadas

QUADRO 7	$
Despesas administrativas em XA	277.200
Índice multiplicador com expectativa de 20% de crescimento	
Despesas administrativas esperadas para XC	

I.5 Despesas financeiras
I.5.1 Juros incorridos a serem pagos no futuro

	QUADRO 8	$
1.	Saldo do empréstimo	210.000
2.	Taxa de juros	
3.	Despesas de juros (1 x 2)	

I.6 Despesas de depreciação do imobilizado e amortização do diferido
I.6.1 Depreciação do Imobilizado, estimada para o período XC

	QUADRO 9	$
1.	Imobilizado no início do período XC	
2.	Taxa de depreciação anual	
3.	Despesa de depreciação para o período XC (1 × 2)	

I.6.2 Amortização do diferido

Quadro demonstrativo da amortização estimada para o período XC:

	QUADRO 10	$
1.	Ativo Diferido no início do período XC	
2.	Taxa de amortização anual	
3.	Despesa de amortização para o período XC (1 × 2)	

I.7 Resultado operacional esperado

	QUADRO 11	$	Quadro
1.	Vendas esperadas		1
2.	(–) CMV		3
3.	= Lucro bruto ou resultado com vendas		
4.	(–) Despesas operacionais:		
	4.1. Despesas comerciais ou com vendas		6
	4.2. Despesas administrativas		7
	4.3. Despesas financeiras		8
	4.4. Despesas de depreciação		9
	4.5. Despesas de amortização		10
5.	**= Lucro operacional esperado**		

I.8 Provisão para Imposto de Renda e contribuição social a recolher em XC

QUADRO 12	$
1.	Lucro antes do Imposto de Renda e contribuição social	
2.	Alíquota de Imposto de Renda e contribuição social	
3.	Provisão para o Imposto de Renda e contribuição social	

PROJEÇÃO DA DEMONSTRAÇÃO DO RESULTADO DO PERÍODO 19XC COMPARATIVO COM XB

QUADRO 13	XC	XB
Vendas		
(–) Custo mercadoria vendida		
= Lucro Bruto		
(–) Despesas com vendas		
(–) Despesas administrativas		
(–) Despesas financeiras		
(–) Depreciação do imobilizado e amortização do diferido		
= Lucro operacional		
(–) Provisão para Imposto de Renda e contribuição social		
= Lucro líquido final esperado		

II – Projeção do Balanço Patrimonial em 31-12-XC

    II.1 Estoque final esperado item – 1.2.1 – $ 300.000

    II.2 Projeção das duplicatas a receber em 31-12-XB

        II.2.1 Baseado na fórmula do prazo médio de recebimento (PMR) do período

Quadro demonstrativo do cálculo do saldo de duplicatas a receber em 12-XC:

QUADRO 14	XC
1. Duplicatas a receber em 31-12-XB – considerado valor médio de XA	150.000
2. Vendas ocorridas em XB	1.800.000
3. Duplicatas a receber vendas XB (1 : 2)	
4. Vendas esperadas para o período XC	
5. Saldo final de duplicatas a receber esperado para XB – (3 × 4)	

II.3 Projeção das duplicatas a pagar a fornecedores em 31-12-XC

II.3.1 Cálculo baseado na fórmula do prazo médio de pagamento (PMP) do período XB

Quadro demonstrativo do cálculo do saldo de duplicatas a pagar para 12-XC:

QUADRO 15	$
1. Duplicatas a receber em 31-12-XB – considerado valor médio de XB	80.952
2. Compras ocorridas em XB	850.000
3. Duplicatas a pagar/compras XB (1 : 2)	0,095238
4. Compras esperadas para o período XC	
5. Saldo final de duplicatas a pagar esperado para XC – (3 × 4)	

II.4 Outras contas a receber

Valores decorrentes de adiantamentos para funcionários e tributos a compensar deverão repetir-se no exercício XC, portanto, o saldo no final de XC será zero.

II.4.1 Outras contas a receber = 0

II.5 Impostos a pagar

Esta informação vem da demonstração de lucro projetado para o período XC, pois se trata do Imposto de Renda e contribuição social –1.8.3, portanto, $ 112.014.

II.6 Salários e encargos a pagar e Outras contas a pagar

II.6.1 Quadro demonstrativo do cálculo de salários a pagar em 31-12-XB

QUADRO 16	$
1. Salários e encargos a pagar em 31-12-XA	42.000
2. Índice multiplicador com expectativa de 20% de crescimento	
3. Salários e encargos a pagar esperados em 31-12-XC	

II.6.2 Outras contas a pagar

Quadro demonstrativo do cálculo de salários a pagar em 31-12-XC

QUADRO 17	$
1. Contas a pagar em 31-12-XB	15.750
2. Índice multiplicador com expectativa de 5% de crescimento	
3. Contas a pagar esperadas em 31-12-XC	

II.7 O Realizável a longo prazo, tratando-se de aplicações decorrentes de incentivos fiscais, permanece inalterado.

II.8 O Exigível a longo prazo

II.8.1 Saldo do Empréstimo a pagar em 31-12-XC

QUADRO 18	$
1. Saldo do empréstimo em 31-12-XB	210.000
2. Índice composto pelo principal mais juros (1 + 0,2)	
3. Saldo de empréstimos a pagar em 31-12-XB	

II.9 Os Ativos Permanentes sofrem a modificação dos acréscimos das depreciações e amortizações acumuladas ficando da seguinte forma:

II.9.1 Depreciação acumulada em 31-12-XC

Quadro demonstrativo do cálculo da depreciação acumulada em 31-12-XB

QUADRO 19	$
1. Saldo das depreciações acumuladas em 31-12-XB	100.000
2. Depreciação anual esperada de XC	
3. Depreciação acumulada em 31-12-XC (1 + 2)	

II.9.2 Amortização acumulada em 31-12-XC

Quadro demonstrativo da amortização acumulada em 31-12-XC

QUADRO 20	$
1. Amortização acumulada no início do período XC	50.000
2. Amortização do período XC	
3. Amortização acumulada esperada em 31-12-XC (1 + 2)	

II.10 O Patrimônio Líquido projetado para 31-12-XC

    II.10.1 O Capital permanece $ 430.000

    II.10.2 Os Lucros Acumulados projetados para XC

Quadro demonstrativo do saldo de lucros acumulados esperados para 31-12-XC

QUADRO 21	$	Quadro
1. Saldo de lucros acumulados em 31-12-XB	407.100	
2. Lucro líquido final esperado no período XC		13
3. Saldo de lucros acumulados esperados para 31-12-XC (1 + 2)		

II.11 Fluxo de Caixa Projetado para 19XC

QUADRO 22	$	Quadro
1. **Saldo Inicial**		
Entradas		
2. Recebimento das Duplicatas por vendas a prazo		23
3. Recebimentos de Outras contas a receber		
4. **Saldo inicial + entradas (1 + 2 + 3)**		
Saídas		
5. Pagamento das Duplicatas por compras a prazo		24
6. Pagamento de Impostos e salários e outras contas a pagar		25
7. Pagamento dos financiamentos a pagar e juros		
8. Pagamento das despesas com vendas e administrativas		26
9. **Total das saídas (5 + 6 + 7 + 8)**		
10. **Saldo Final (4 – 9)**		

Explicando as linhas do fluxo de caixa anual projetado para o período XB:

Linha 1. Saldo inicial é o saldo final do período XB, portanto =

Entradas:

Linha 2. Recebimento de duplicatas por vendas a prazo:

	QUADRO 23	$	Quadro
	2.1 Saldo de duplicatas a receber de 31-12-XB	150.000	
(+)	2.2 Vendas esperadas no período XC		1
(–)	2.3 Saldo esperado de duplicatas a receber em 31-12-XC		14
=	2.4 Recebimento estimado das duplicatas por vendas XC		

Linha 3. Recebimento de outras contas a receber – 0 (zero)

Linha 4. Linha de apuração = saldo inicial + entradas (1 + 2 + 3)

Linha 5. Pagamento de duplicatas por compras a prazo

	QUADRO 24		$	Quadro
	5.1	Saldo de duplicatas a pagar de 31-12-XB	80.952	
(+)	5.2	Compras esperadas no período XC		4
(–)	5.3	Saldo esperado de duplicatas a pagar 31-12-XC		15
=	5.4	Pagamento estimado das duplicatas por compras XB		

Linha 6. Pagamento de impostos e salários e encargos a pagar, vindos do Balanço de 31-12-XB:

QUADRO 25	$
Impostos a pagar	$ 85.700
Salários e encargos a pagar	$ 42.000
Outras contas a pagar	$ 15.750
	$ 143.450

Linha 7. Valor 0 (zero)

Linha 8. Pagamento de despesas com vendas e administrativas do período XC, pagas dentro do próprio período:

	QUADRO 26		$	Quadro
8.1	Despesas com vendas do período XC			6
8.2	Despesas administrativas do período XC			7
8.3	(–) Saldo a pagar estimado para 3-12-XC			
	8.3.1	Salários e encargos a pagar		16
	8.3.2	Outras contas a pagar		17
8.4	Pagamentos esperados para o período XC			

Linha 9. Linha de apuração, total das saídas ou pagamentos previstos

Somatório das linhas 5 + 6 + 7 + 8 = _____

Linha 10. Saldo inicial + entradas ou recebimentos – saídas ou pagamentos

Linhas (4 – 9)

BALANÇO PATRIMONIAL EM 31-12-XC E XB

ATIVO	XC	XB	Quadro
Ativo Circulante			
Caixa e Bancos		301.502	22
Duplicatas a Receber		150.000	14
Estoques		250.000	2
Outras contas a receber			
Total do Ativo Circulante		701.502	
Realizável a Longo Prazo		45.000	
Ativo Permanente			
Investimentos		50.000	
Imobilizado		500.000	
(–) Depreciação acumulada		100.000	19
= Imobilizado líquido		400.000	
Diferido		125.000	
(–) Amortização acumulada		50.000	20
= Diferido líquido		75.000	
=Total do Permanente		525.000	
Total do Ativo		1.271.502	

BALANÇO PATRIMONIAL EM 31-12-XC E XB

PASSIVO	XC	XB	Quadro
Passivo Circulante			
Duplicatas a pagar		80.952	15
Impostos a pagar		85.700	12
Salários e encargos a pagar		42.000	16
Financiamentos a pagar			
Outras contas a pagar		15.750	17
Total do Passivo Circulante		224.402	
Exigível a Longo Prazo		210.000	18
Patrimônio Líquido			
Capital		430.000	
Lucros acumulados XB + XC		407.100	21
= Total Patrimônio Líquido		837.100	
Total do Passivo		1.271.502	

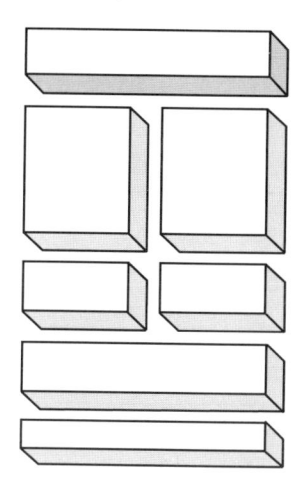

21 Demonstração do Fluxo de Caixa

CASO PRÁTICO

CIA. FLUXODOAR – DFC

Utilizando as demonstrações contábeis e informações sobre as operações da Cia. Fluxodoar apresentadas a seguir, elabore a Demonstração do Fluxo de Caixa, pelo Método Indireto para o período encerrado em 31-12-X1.

CIA. FLUXODOAR			
BALANÇO PATRIMONIAL	X0	X1	#
ATIVO			
Caixa e bancos	1.200	2.200	
Clientes	12.960	14.510	
Provisão para devedores duvidosos	(380)	(560)	
Estoques	5.350	4.280	
Outras contas	1.950	2.650	
Despesas antecipadas	320	450	
Total do Circulante	**21.400**	**23.530**	
Total do Longo Prazo	**4.380**	**3.220**	
Investimentos	3.980	7.340	
Imobilizado	15.670	18.490	
Diferido	460	1.850	
Total do Permanente	**20.110**	**27.680**	
Total do Ativo	**45.890**	**54.430**	

CIA. FLUXODOAR			
BALANÇO PATRIMONIAL	X0	X1	#
Passivo			
Fornecedores	9.800	11.650	
Financiamentos	4.320	3.800	
Provisões diversas	2.650	1.980	
Dividendos propostos		1.200	
Total do Circulante	**16.770**	**18.630**	
Total do Longo Prazo	**3.640**	**2.980**	
Capital	22.000	27.150	
Reservas	2.200	4.400	
Lucros acumulados	1.280	1.270	
Total Patrimônio Líquido	**25.480**	**32.820**	
Total do Passivo	**45.890**	**54.430**	
CCL Capital Circulante Líquido	**4.630**	**4.900**	

CIA. FLUXODOAR	
RESULTADO	X1
Receita operacional bruta	**322.000**
Deduções das vendas	(93.000)
Receita operacional líquida	**229.000**
Custo das vendas	(173.000)
Lucro bruto	**56.000**
Despesas operacionais	
Comerciais	(22.540)
Com devedores duvidosos	(180)
Administrativas	(25.760)
Financeiras (líquidas)	(7.020)
Equivalência patrimonial	1.800
Lucro operacional	**2.300**
Receita da venda de imobilizado	1.000
Custo do imobilizado vendido	(1.280)
Baixa de investimentos	(320)
Provisão para perdas em investimentos	(240)
Resultado não operacional	**(840)**
Lucro antes do IR e CS	**1.460**
Imposto de Renda	(270)
Lucro líquido	**1.190**

CIA. FLUXODOAR	
DEMONSTRAÇÃO DO FLUXO DE CAIXA	X1
Fluxo de caixa proveniente das:	
Atividades operacionais	
Lucro líquido do exercício	
Despesas (Receitas) que não afetaram o caixa	
Acréscimo (Decréscimo) em passivos operacionais	
Fluxo de caixa das atividades operacionais	

CIA. FLUXODOAR	
DEMONSTRAÇÃO DO FLUXO DE CAIXA	X1
Fluxo de caixa das atividades operacionais	
Das atividades de investimentos	
Fluxo de caixa das atividades de investimentos	
Fluxo de caixa das atividades financeiras	
Fluxo de caixa das atividades financeiras	
Aumento líquido nas disponibilidades	
Saldo inicial	
Saldo final	

RESUMO DA MOVIMENTAÇÃO DO ATIVO NÃO CIRCULANTE

Operações do período	Realizável a Longo Prazo	Investimentos	Imobilizado	Diferido	Ativo Permanente
Saldo inicial	4.380	3.980	15.670	460	20.110
Novos empréstimos a coligadas	200				—
Transferências p/AC	(2.150)				—
Empréstimos compulsórios	80				—
Empréstimos à Eletrobrás	110				—
Investimentos em coligadas		2.120			2.120
Aquisição de imobilizado			3.700		3.700
Juros ativos s/empréstimos – RLP	280				—
Juros ativos s/Eletrobrás – RLP	320				—
Adições ao diferido				1.710	1.710
Depreciação			(3.800)		(3.800)
Amortização				(320)	(320)
Baixa de imobilizado			(1.280)		(1.280)
Baixa de investimento		(320)			(320)
Provisão para perda em investimento		(240)			(240)
Equivalência patrimonial		1.800			1.800
Aumento de capital com imobilizado			2.000		2.000
Reserva de reavaliação			2.200		2.200
Saldo final	3.220	7.340	18.490	1.850	27.680

RESUMO DA MOVIMENTAÇÃO DO PASSIVO NÃO CIRCULANTE

Operações do período	Exigível a Longo Prazo	Capital	Reservas	Lucros acumulados	Patrimônio Líquido
Saldo inicial	3.640	22.000	2.200	1.280	29.120
Emissão de debêntures	1.200				–
Novos empréstimos LP	2.200				–
Transferências p/PC	(3.090)				–
Integralização de capital		1.300			1.300
Dividendos propostos				(1.200)	(1.200)
Conversão de dívidas em capital	(1.850)	1.850			1.850
LLE				1.190	1.190
Juros passivos s/ empréstimos – ELP	880				–
Aumento de capital com imobilizado		2.000			2.000
Reserva de reavaliação			2.200		2.200
Saldo final	2.980	27.150	4.400	1.270	32.820

SIM. QUERO FAZER PARTE DO BANCO DE DADOS SELETIVO DA EDITORA ATLAS PARA RECEBER INFORMAÇÕES SOBRE LANÇAMENTOS NA(S) ÁREA(S) DE MEU INTERESSE.

NOME: _____

_____ CPF: _____ SEXO: ◯ MASC. ◯ FEM.

DATA DE NASCIMENTO: _____ EST. CIVIL: ◯ SOLTEIRO ◯ CASADO

END. RES.: _____

CIDADE: _____ CEP: _____

TEL. RES.: _____ FAX: _____ E-MAIL _____

END. COM.: _____

CIDADE: _____ CEP: _____

TEL. RES.: _____ FAX: _____ E-MAIL _____

REMETER CORRESPONDÊNCIA PARA O ENDEREÇO: ◯ RESIDENCIAL ◯ COMERCIAL

INDIQUE SUA(S) ÁREA(S) DE INTERESSE:

- ◯ ADMINISTRAÇÃO GERAL / MANAGEMENT
- ◯ PRODUÇÃO / LOGÍSTICA / MATERIAIS
- ◯ RECURSOS HUMANOS
- ◯ ESTRATÉGIA EMPRESARIAL
- ◯ MARKETING / VENDAS / PROPAGANDA
- ◯ QUALIDADE
- ◯ TEORIA DAS ORGANIZAÇÕES
- ◯ TURISMO
- ◯ CONTABILIDADE
- ◯ FINANÇAS
- ◯ ECONOMIA
- ◯ COMÉRCIO EXTERIOR
- ◯ MATEMÁTICA / ESTATÍSTICA / P.O.
- ◯ INFORMÁTICA / T. I.
- ◯ EDUCAÇÃO
- ◯ LÍNGUAS / LITERATURA
- ◯ SOCIOLOGIA / PSICOLOGIA / ANTROPOLOGIA
- ◯ COMUNICAÇÃO EMPRESARIAL
- ◯ DIREITO
- ◯ SEGURANÇA DO TRABALHO

COMENTÁRIOS

_____
_____
_____

ISR-40-2373/83

U.P.A.C Bom Retiro

DR / São Paulo

CARTA - RESPOSTA
Não é necessário selar

O selo será pago por:

editora atlas

01216-999 - SÃO PAULO - SP

REMETENTE:
ENDEREÇO: